老HR手把手教你搞定薪酬设计

许江武　孙成军◎著

图书在版编目 (CIP) 数据

老 HR 手把手教你搞定薪酬设计 / 许江武，孙成军著. —北京：北京联合出版公司，2020.6

ISBN 978-7-5596-4075-8

Ⅰ.①老… Ⅱ.①许… ②孙… Ⅲ.①企业管理—工资管理—研究 Ⅳ.① F272.923

中国版本图书馆 CIP 数据核字（2020）第 038214 号

老 HR 手把手教你搞定薪酬设计

作　　者：许江武　孙成军
选题策划：北京时代光华图书有限公司
责任编辑：徐　鹏
特约编辑：商金龙
封面设计：水玉银文化

北京联合出版公司出版
（北京市西城区德外大街 83 号楼 9 层　100088）
北京时代光华图书有限公司发行
嘉业印刷（天津）有限公司印刷　新华书店经销
字数 190 千字　　787 毫米 ×1092 毫米　1/16　15 印张
2020 年 6 月第 1 版　2020 年 6 月第 1 次印刷
ISBN 978-7-5596-4075-8
定价：55.00 元

版权所有，侵权必究
未经许可，不得以任何方式复制或抄袭本书部分或全部内容
本书若有质量问题，请与本社图书销售中心联系调换。电话：010-82894445

目 录
CONTENTS

前言   I

第一章   认识薪酬   1

技能点 1   明确薪酬的组成部分   3

技能点 2   划分薪酬管理人员职责   6

技能点 3   做好企业薪酬设计   9

技能点 4   设计科学合理的薪酬方案   11

技能点 5   分析薪酬设计的影响   15

技能点 6   有效利用薪酬设计模式   18

第二章   薪酬战略与体系设计   21

技能点 1   企业薪酬战略制定   23

技能点 2   企业薪酬结构设计   26

技能点 3   科学设计薪酬体系   29

技能点 4   职位薪酬体系设计   33

技能点 5   技能薪酬体系设计   40

技能点 6   能力薪酬体系设计   43

技能点 7   不同薪酬体系的特点   45

第三章 薪酬体系设计流程　　47

- 技能点1　科学地工作分析　　49
- 技能点2　工作分析数据收集　　52
- 技能点3　正确客观地编写职位说明书　　55
- 技能点4　排序法职位评价　　59
- 技能点5　分类法职位评价　　62
- 技能点6　计点法职位评价　　64
- 技能点7　薪酬调查　　67
- 技能点8　制作薪酬调查报告　　71
- 技能点9　分析处理薪酬调查结果　　76

第四章 工资制度与工资形式　　79

- 技能点1　设计以绩效为导向的工资制度　　81
- 技能点2　设计以能力为导向的工资制度　　84
- 技能点3　确定员工工资标准　　88
- 技能点4　岗位工资设计　　92
- 技能点5　计件制工资设计　　95
- 技能点6　计时制工资设计　　98
- 技能点7　佣金制工资设计　　101
- 技能点8　年薪制工资设计　　104

第五章 激励性薪酬设计　　109

- 技能点1　使绩效奖励计划发挥应有作用　　111

技能点2	奖金分配政策制定	114
技能点3	利润分享计划制订	120
技能点4	长期绩效奖励计划制订	122
技能点5	短期绩效奖励计划制订	125
技能点6	经营者股票期权计划制订	128
技能点7	员工持股计划制订	131

第六章	**员工福利管理**	**135**
技能点1	企业福利政策实施	137
技能点2	明确人力资源部门福利工作	139
技能点3	制定切实可行的企业福利预算	143
技能点4	企业自主的员工福利项目实施	148
技能点5	发挥社会福利顾问机构作用	150
技能点6	特殊福利政策制定	153
技能点7	企业福利工作效率提升	155

第七章	**各类型员工薪酬模型设计**	**159**
技能点1	通用型薪酬模型设计	161
技能点2	销售人员薪酬模型设计	164
技能点3	生产人员薪酬模型设计	168
技能点4	专业技术人员薪酬模型设计	170
技能点5	项目经理薪酬模型设计	172
技能点6	特殊人员薪酬模型设计	174

| 技能点7 | 一般管理人员薪酬模型设计 | 176 |
| 技能点8 | 高层管理人员薪酬模型设计 | 178 |

第八章　薪酬预算、支付与沟通　　181

技能点1	企业薪酬预算制定	183
技能点2	薪酬预算执行	187
技能点3	一般情况下的薪酬调整	190
技能点4	特殊情况下的薪酬调整	193
技能点5	把握薪酬支付的恰当时机	197
技能点6	日常薪酬沟通	199
技能点7	薪酬调整沟通	202

第九章　薪酬管理的技巧　　205

技能点1	引导员工心理预期	207
技能点2	让薪酬制度更加激励员工	210
技能点3	支付同等薪酬，最大限度地提升员工业绩	214
技能点4	运用薪酬制度妥善解决人才流失	217
技能点5	应对工资管理中的常见危机	220
技能点6	解决不同职位工资水平差距	223

前 言
PREFACE

　　如何吸引人才、留住人才、用好人才，是企业界正在热烈探讨的一个重要话题，其中最为复杂的是如何利用薪酬这把双刃剑做好人才激励。可以说，薪酬分配是每位管理者最关心的工作，同时也是每个员工最关心的问题，公司中劳资双方的纠纷，从根本上来说就是利益的均衡问题。企业作为市场经济行为的独立主体，自负盈亏，自我发展，建立合理有效的薪酬系统，从根本上保证企业在人力资源方面的优势，是企业具有核心竞争力的一个重要方面。

　　那么，如何才能建立一套行之有效的薪酬管理体系？怎样才能最大限度地发挥薪酬的功能和作用，促进企业不断发展？如何才能使薪酬在作为企业人力资本投资时收到合理回报？这正是本书所要解答的问题。

　　第一章从薪酬的基础知识入手，着重介绍了薪酬的基本架构、基本功能、影响薪酬的各类因素、薪酬工作的主要内容、薪酬设计的原则与模式等内容。这是薪酬设计的基础，只有抓住了这些基本原则，采取适当的设计模式，薪酬管理工作才能沿着正确方向前进。

　　第二章介绍了企业薪酬战略的出发点及薪酬体系的种类。薪酬战略作为人力资源战略的一个重要组成部分，具有特定的发展体系。在学习本章之后，你可以制定适应企业实际情况的薪酬体系。

　　第三章详述了完整的薪酬体系设计流程，对工作分析、职位评价和薪酬调查等进行了细致的描述。

第四章对薪酬的主要组成部分——工资进行了研究,涉及工资的设计理念、不同的工资类型,以及特殊情况下的工资制定标准。

第五章介绍了激励性薪酬。由于其特殊作用,因此越来越受到管理者的重视,成为经理人加强企业经营管理的重要手段。本章通过对国内外相关奖励计划的介绍,使你了解并熟练掌握这种激励手段。

第六章介绍了员工福利的有关内容。本章通过对福利计划的内容、分类等的阐述,将使你对员工福利有一个全面的了解。

第七章介绍了如何针对不同类型的员工制定不同的薪酬模型。不同的岗位有不同的工作职责,薪酬激励也应有不同的重点。本章涵盖了企业里几乎所有专门人员的薪酬架构。

第八章介绍了薪酬的预算、支付与沟通的技巧。这些技巧告诉你,如何执行薪酬预算才能使其发挥更大作用,如何把握薪酬支付的恰当时间,以及如何做好薪酬调整时的沟通工作。

最后一章,我们告诉你的是薪酬管理的技巧,这些技巧是在企业的长期实践中总结出来的,相信会对你的薪酬管理工作有所帮助。

经验表明:一个人或少数几个人了解并掌握薪酬设计及管理方面的知识很简单,然而要让企业的大多数人都迅速了解并掌握薪酬方面的知识却很难。薪酬管理不仅是人力资源部门的专项工作,更是一个全员管理的项目,让员工充分了解并认同企业薪酬设计和管理的理念、方法是非常重要的，而没有系统的培训不可能达成这样的目标。因此本书特意设计了丰富的范例和模板，告诉你怎样一步一步制定并实施切合企业实际的薪酬政策。

与其他同类书籍相比，本书具有以下特点：

1. 从企业的发展战略与核心价值观出发，建立薪酬分配理念，先转变思想观念，再谈方法问题。

2. 用结构化方法来设计工资、奖金和股权的各种分配形式，充分考虑各种分配形式的个性和互动特征，而不是孤立地看待工资、奖金、股权和福利的各自功能。

3. 从解决企业的实际问题出发，提供具有可操作性的解决方案和学以致用的模仿途径。

本书不仅仅从人力资源专业人员的角度来看待薪酬分配问题，更多的是从企业经营管理者的角度来设计薪酬分配体系，其根本目的就是要使企业的战略目标得以真正实现。

第一章
认识薪酬

  没有激励,就没有前进的动力。人们为之奋斗的一切都与所能得到的利益密切相关。市场经济时代的薪酬管理将在企业与员工之间架起一座互相激励的桥梁。

  企业要想客观、公正、公平、合理地为企业做出贡献的劳动者付酬,就必须了解薪酬结构、功能、工作内容三个方面的准确信息,这样才能掌握薪酬管理的原则,制定切实可行的政策,以满足员工的需求。这正是薪酬管理的目的所在。

技能点 1
明确薪酬的组成部分

薪酬是指员工与企业建立劳动关系，付出有效劳动后所获得的各种形式的经济收入，以及有形的服务和福利。从广义上讲，薪酬分为经济类薪酬和非经济类薪酬。

1. 经济类薪酬

经济类薪酬指员工依据按劳分配原则而获得的各种形式的收入，包括薪水、奖金、津贴、股票期权以及以非货币形式发放的福利等。

薪酬不论以现金形式支付还是以非现金形式支付，都具有很强的目的性。经济类薪酬涵盖了员工为某一组织工作而获得的所有直接和间接的经济收入，因此我们可以再划分为直接薪酬、间接薪酬（福利与服务）以及其他薪酬三大部分，如图1-1所示。

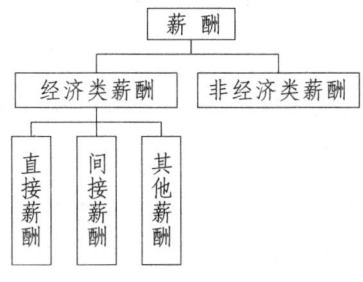

图1-1　薪酬结构图

（1）直接薪酬是指组织根据员工所承担或完成的工作而向员工支付的报酬，由基本工资、加班工资、奖金和各类津贴、补贴等各种形式组成。

（2）间接薪酬是由公共福利、保险计划、退休计划、培训、住房等各种形式的福利与服务组成的。间接薪酬的供给不是以员工向企业提供的实际工作时间为单位来计算，而是与职位、工龄等密切相关。

（3）其他薪酬是指带薪假期、法定假日、婚丧假，合乎企业规定的病事假以及依法参加社会活动期间等的薪酬。

相对于非经济类薪酬来说，经济类薪酬比较容易做定性和定量分析，本书将对其进行深入探讨。

2. 非经济类薪酬

非经济类薪酬指员工由于努力工作而得到的晋升、表扬或受到重视等，它能强化员工的工作荣誉感、成就感、责任感。

非经济类薪酬没有固定的标准，操作难度比较大，需要较高水平的管理艺术。

慧聪集团（前身为慧聪网）是一家以 B2B 电子商务服务为主业的公司，它创建于 1992 年，从 14.8 万元起家，经过艰苦创业和不断发展，在竞争中逐步成长壮大。与慧聪集团成功密切相关的是原总裁郭凡生创办的"全员劳动股份制"，这种制度限制了所有持股股东的权益。公司章程规定，股东不按其所持股份的多少来分红，全体股东分红不得超过公司分红总额的 30%。郭凡生个人股份虽然占公司股份的 50%，但年终分红也不得超过 10%。这种从诞生之日起就遭受非议的劳动股份制，现在已成为慧聪集团一项不可动摇的产权制度。

慧聪集团的分配制度中还有一条规定，将年终 70% 的绝大部分分红分给普通员工。这两条分配制度实行多年，已成为公司制胜法宝。仔细研究这些薪酬制度，我们会发现：通过股东让出一大部分股东分红以大幅度缩小股东与普通员工之间的距离，可以换来大多数员工对企业的忠诚和竭尽全力的支持，从而促进了这家"以人为本"的企业的迅速发展。

技能点 2
划分薪酬管理人员职责

企业薪酬管理工作可以按照内容、功能等影响因素划分成若干业务职能模块，也可以按照薪酬管理的性质划分几个不同的层次。

1. 按内容、功能等影响因素划分

（1）工资管理方面。

① 员工业绩的考核评估与工资挂钩。

② 工资结构的制定与管理。

③ 员工工资标准的市场调查与本企业标准的制定。

④ 工资调整和提升的管理。

⑤ 工资发放。

（2）福利管理方面。

① 福利需求调查。

② 制定并设计福利项目。

③ 福利预算的制定与管理。

④ 福利实施与管理。

工资方面的工作是通过评定员工工作业绩和贡献价值大小，并提供相应的报酬来实现的；福利方面的工作是通过了解并提供使员工安心工作所必备的各项需要来实现的。

2. 按薪酬管理性质划分

（1）计划决策工作。

① 工作内容。

理解企业经营要求和员工的愿望。

制定薪酬政策。

确定薪酬工作的方向。

各类重大事务的决策。

② 工作方式。

通过参与企业的经营运作，与经营管理层交流合作，处理解决重大业务问题。

通过了解人力资源动向，运用专业技术和方法设置人力资源的业务职能和工作流程。

（2）规划设计工作。

① 工作内容。

设计制定各个专业领域的具体制度方案和实施流程。

工作系统的开发和维护。

② 工作方式。

通过理解领会企业的业务目标和经营战略，实施企业在薪酬福利方面的决策和方针政策。

通过应用市场信息、行业经验、专业技术和方法、专业资源，为企业引进实施职位评估和职位描述系统。

（3）行政管理工作。

① 工作内容。

薪酬方面日常事务的处理。

政策制度和各项方案的实施与日常管理。

考勤、工资计算和发放。

计算并缴纳个人所得税、养老金。

② 工作方式。

运用个人经验和专业的知识、技术。

了解熟悉国家、企业的人事管理政策。

总之，薪酬管理工作内容非常复杂。在企业实践中，薪酬管理工作人员需要按照薪酬管理的性质从事不同的工作内容（见表1-1）。每一项内容也需要通过不同的工作方式才能完成。

表1-1 薪酬管理工作的目的和性质

要　求	举　例
参与企业的经营运作	如企业预算、经营战略、组织结构规划与设置等
了解人力资源市场的动向	如年度薪酬调查，确立部门的年度薪酬工作重点和目标等
设计制定各个专业领域的具体制度	如企业薪酬市场调查问卷的设计与调查的组织实施

技能点 3
做好企业薪酬设计

薪酬设计的基本原则就是薪酬管理主体薪酬设计的基本理念。薪酬工作内容复杂，环节众多。那么企业人力资源部门怎样才能做好薪酬管理工作，使薪酬发挥更大的作用呢？

1. 所有工作都应围绕经营管理和效益展开

企业的经营管理包括人力资源管理，当然也包括薪酬管理。因此薪酬管理是企业经营管理的有机组成部分，而且薪酬管理的目的就是使企业的经营效益得以促进提高。由此可见，经营管理和效益是薪酬工作的核心。

2. 绩效导向

各种类型的薪酬都要与员工的业绩或绩效（如技能、工作表现等）挂钩，福利项目也可以和员工基本工资或与某些绩效因素挂钩，如医疗保险、休假等分别与员工的基本工资和工龄相联系等。

3. 市场导向

结合一年一度的市场薪酬调查，明确并保障企业在人力资源市场的战略定位。年度薪酬调整的主要目的是激励员工取得更大的业绩,员工个人的调资幅度要与绩效得分相一致。

所谓市场导向就是先了解其他企业(主要是竞争对手)的薪酬政策,通过与其他企业的对比来进行薪酬设计,以保障企业在人力资源管理市场上的战略定位。战略定位的内容是:工资标准在市场上是要保持中间位置,还是占据前25%的位置;福利工作是要做最有吸引力的服务,还是只提供一般水平的福利。战略定位完全是针对市场和相对于竞争对手而言的,这直接影响和关系到企业能否吸引到人才和吸引到什么样的人才。

薪酬工作内容非常复杂,因此要围绕正确的思路展开工作,特别是要以企业经营管理和效益为核心,同时要发挥绩效导向和市场导向。只有这样,薪酬管理工作才会做好并且发挥应有的作用。

对于福利费用的使用,很多企业的通常做法是直接把钱发给员工。如何使福利费用与企业的经营活动及管理结合起来,发挥其积极作用呢?其实说来也简单,就是专款专用,把费用用在员工的福利上,让大家拥有放松的心情和良好的身体,能以良好的身心状态、更大的主观能动性、工作积极性和创造性投入工作中来,这正是福利费用使用的目的。例如有的企业在周末组织员工到俱乐部健身,员工在相互交流之外,还能达到休息和充分恢复体力的效果。这样的安排就对员工工作起到了一种支持和"助力"的作用。其实,所有的薪酬工作也都应该有这样明确的目的。

技能点 4
设计科学合理的薪酬方案

一个科学合理的薪酬体系是如何设计出来的呢？我们知道，评价薪酬体系科学合理与否的依据是看它是否能够实现三个目标：遵守相关法律法规、企业花费积极有效、员工受到公平对待。为实现以上三个目标，在设计薪酬制度时务必把握以下原则。

1. 公平原则

公平是薪酬系统的基础，只有员工认为薪酬系统是公平的，他们才可能产生认同感和满意感，薪酬的激励作用才能得到最大限度的发挥。公平原则主要体现在以下几个方面：

（1）各要素之间资源配置的公平。

企业的产出是资本、土地、人力资源等各种生产因素共同作用的结果，因此薪酬的分配首先要确定企业的全部收入在各生产因素所有者之间分割的比例，这是一个基本的公平问题。

（2）企业内外部的公平。

这是指特定企业内人力资源所有者的薪酬，与其他企业中相当的人力资源所有者的薪酬具有可比性。如果特定企业内人力资源所有者的薪酬相对较低，在这种情况下就可能被吸引到薪酬相对较高的组织中去。

(3) 企业内部员工的个人公平。

这里有两种情况：一种是指员工将个人薪酬与公司类似职位的薪酬相比较所产生的感受；另一种是企业内部不同等级的人力资源所有者的薪酬具有公平性，不能差距太大，必须要根据投入产出之间的比例进行恰当的平衡。

(4) 企业薪酬制度执行过程的公平。

当员工对薪酬制度感觉到公平时，他才会感觉到满意。只有在这种情况下，薪酬制度才能发挥最大限度的激励作用，员工才会保持积极的心态并以饱满的热情投入工作。当员工感觉到不公平时，会产生两种情况：一种是他感到所得大于付出，于是就乐得享受，利用薪酬制度的漏洞少劳多获；另一种是他感到所得小于付出，在这种情况下就会不满这种薪酬制度，产生多干活不如少干活的心态，由此，他会减少自己的工作量和工作强度，降低对工作的投入和责任心，通过这些消极的手段来达到自己心理上的公平。

2. 竞争原则

企业要想获得真正具有竞争力的优秀人才，必须制定出一套对人才有很强吸引力并具有强大行业竞争力的薪酬系统。如果企业制定的薪酬标准过低，那么就会在与其他企业的人才竞争中处于不利地位，甚至本企业的优秀人才也会因此流失到薪酬较高的企业。

3. 利害相等原则

薪酬不仅仅是人们通常理解的体力和脑力支出的报酬，还包括对一些特殊工作环境的补偿。因为有些工作可能存在一定的危险，容易对身体产生伤害甚至会危及生命；有的工作环境十分恶劣，工作内容十分枯燥乏味，令人难以产生愉悦感。对这些情况在薪酬中必须有一定的体现。利害相等原则就是要求连同工作本身在内，工作环境、工作舒适程度也必须在薪酬制度考量的范围之内。其中要重点考虑的是工作本身带来的对身体伤害的可能性、对身体健康的不良影响等。

4. 按劳分配原则

按劳分配是指对劳动者的劳动产品进行各种必要的扣除后，以劳动量作为分配的依据和尺度，多劳多得，少劳少得，不劳不得。实际工作中，薪酬设计是把生产诸要素中最重要的因素——劳动者的贡献放在第一位考虑的。

5. 合法原则

薪酬系统的合法性是设计薪酬制度的出发点，任何薪酬制度的制定都不能违背法律法规，如果存在与现行的法律法规和国家政策不符合的地方，应该迅速整改以使其具备合法性。

按照公平、竞争、利害相等、按劳分配、合法原则制定企业的薪酬制度，就会大大减少员工的抱怨，使薪酬政策发挥更好的激励作用。

企业的竞争就是人才的竞争。海尔集团独特的用人机制和激励机制为企业飞速发展提供了强大的人力资源支持，保证了海尔集团的成功。特别是海尔集团奉行的"赛马"机制，更是起到了巨大的推动作用。创始人张瑞敏评价说："作为一家企业的领导，你的任务不是去发现人才，今天打算培养一下张三，明天又考虑培养一下李四，你的职责应该是建立一种可以出人才的机制，这种机制比领导具有敏锐的发掘能力更重要。"

海尔集团的人才观是"人人是人才，赛马不相马"。正是海尔集团独特的企业文化、激励机制和用人机制决定了海尔集团兼容东西方管理理念的、富有活力的薪酬支付体系。

在薪酬制度设计方面，海尔集团为不同的"千里马"搭建了不同的竞争平台。海尔集团的员工实行"三工并存，动态转换"，三工即优秀员工、合格员工、试用员工。凡新进员工均有一定的试用期，试用期满经考核合格即可转为合格员工，合格员工中的佼佼者可转为优秀员工；反之，优秀员工可能因为工作失误转为合格员工或试用员工。动态的员工管理有各自不同的薪酬支付政策，优秀员工不仅给予住房补贴、医疗补贴，而且还给予荣誉性的佩戴标志。

很多企业留不住人，人才流失严重的主要原因就是，员工普遍对薪酬制度不满意。就比如下面这家企业：

"李总，今年还要去'双一流'大学招聘毕业生吗？"临近4月的招聘会，人力资源总监王先生皱着眉头问公司分管人才引进的李总。

"为什么不去啊？人力资源对我们企业太重要了，我们应该加强这方面的工作啊。"李总很认真地说。

"可是我们招一次后过不了多久就走一批，流失率特别高，如果这样持续下去的话，我们的招聘成本实在太大了。"

"是啊，我们该反思一下这些人才离职的原因了。"

"据调查，他们普遍对我们的薪酬制度不满意，认为存在一定的问题。"

其实，这是我国众多企业面临的普遍难题。企业人才的流失已经是一个很严峻的问题，其中薪酬制度的僵化是导致人才流失的关键因素。如何从薪酬的角度重新设计企业的薪酬支付体系，从而提高员工满意度，减少人才流失呢？这需要从薪酬设计的原则入手，要充分体现公平、竞争原则，让企业所需要的人才参与到薪酬设计的过程中来，让员工充分获得有关薪酬的信息，这有助于加强员工对薪酬体系的信任感，而且员工的认同感等内在需要也得到了满足。

技能点 5
分析薪酬设计的影响

薪酬系统的构成虽然千差万别,但是一般都包括基本薪酬、绩效薪酬、加班薪酬和保险福利四部分,构成"薪酬四方图",如图 1-2 所示。按照稳定性、差异性等两个维度划分四个象限,基本薪酬、绩效薪酬、加班薪酬和保险福利作为薪酬系统的基本构成分别处于不同的象限。每个组成部分都有其自身的特点,从而影响到薪酬设计。

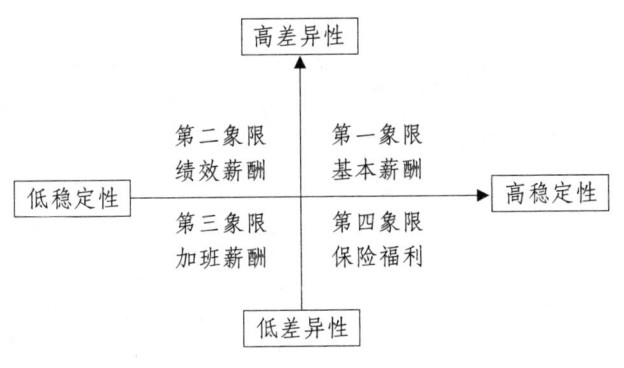

图 1-2 "薪酬四方图"

1. 基本薪酬

基本薪酬处于第一象限,具备高稳定性和高差异性的特点。

（1）高稳定性的特点要求企业在设计基本薪酬时应保持较长时间的稳定，尽量减少外界因素的影响，更不能随意改变。因为这是员工最基本的薪酬来源，具备工资刚性，如果随意变换很容易引起员工反感乃至抵触。

（2）高差异性的特点要求企业设计的各岗位之间、各层级之间的基本薪酬应该具备较大的差异。也就是说，员工所处的岗位、职务及所具备的资质、能力不同，基本薪酬也应有较大区别。

2. 绩效薪酬

绩效薪酬处于第二象限，具备低稳定性和高差异性的特点。

（1）低稳定性的特点要求企业在设计绩效薪酬时应保持较大幅度的变化，对绩效的考核应该体现出高绩效高薪酬、低绩效低薪酬，以绩效为尺度来拉开薪酬幅度的特点。

（2）高差异性的特点要求企业设计的各岗位之间、各层级之间的绩效薪酬也应该具备较大的差异。同基本薪酬一样，员工所处的岗位、职务，所具备的资质、能力不同，绩效薪酬也应随之有较大差别。

3. 加班薪酬

加班薪酬处于第三象限，具备低稳定性和低差异性的特点。

由于加班在一定程度上反映出计划制订得不合理，同时在更大程度上又表明工作效率的低下，因此加班薪酬具有低稳定性的特点。

低差异性的特点是由加班薪酬自身特点决定的。由于国家对加班薪酬作了明确的规定，按时间计算的加班薪酬对每个人都是平等的，所以具备低差异性的特点。

4. 保险福利

保险福利处于第四象限，具备高稳定性和低差异性的特点。

（1）高稳定性的特点要求企业支付给员工的福利保险应该保持稳定，不应受外界因素的影响而频繁改变。

（2）低差异性的特点要求企业设计的各岗位之间、各层级之间的保险福利不应该具备较大差异。因为企业制定福利保险的目的是挽留员工，保险福利是人人都可以享受的，不应该设置较多的条款予以划分。

"薪酬四方图"表明：留住人才需要从多方面去考虑，不能单纯依靠一种手段；必须保持一种合理的薪酬结构，而且要体现自己的企业文化。留住优秀人才实际上可以通过包括加薪、提高福利、晋升、提供更多的培训机会等多种手段来实现。

基本薪酬、绩效薪酬、加班薪酬、保险福利是大部分企业薪酬的主要组成部分，四个部分具备各自不同的特点，企业在进行薪酬设计时应充分考虑这些特点，这样设计的薪酬才会起到应有的作用。

技能点 6
有效利用薪酬设计模式

> 企业薪酬设计主要有老板拍板、民主协商、专家咨询这三种模式。在这三种模式中,分别由老板(企业管理者)、员工和专家设计薪酬制度。

1. 三种模式的适用情况

(1) 老板拍板模式通常适用于规模较小的企业,以私有产权为基础。

(2) 民主协商模式适用于规模较小的企业,以集体产权为基础。

(3) 专家咨询模式适用于规模较大的企业,不考虑产权因素。

2. 混合型模式

(1) 老板+专家。

老板具备较强的薪酬知识背景,拥有丰富的实践经验,在制定薪酬制度时认真听取职能部门的意见,在职能部门提出的不同的薪酬方案的基础上做出最终决定,这种模式具有"老板+专家"的特点。

(2) 老板+民主协商。

首先由代表不同员工利益的组织提出代表意见,然后老板和员工代表针对这些意见进行讨论。

（3）老板＋民主协商＋专家。

老板将员工代表意见集中起来，向专家进行咨询，在专家咨询意见的基础上再结合自己的判断进行决策。

企业进行薪酬设计时一般多采用具备几种模式特征的混合型模式，只不过有时可能更偏重于某一种模式的特征。

总之，薪酬设计的模式，是依据薪酬确定主体的差异性分类的。老板拍板模式的直接成本较低，但是间接成本可能很高；民主协商模式具备了一定的全员代表性，但客观上要求员工具有较高的素质；专家咨询能够带给企业鲜活的思想，但企业必须给予专家足够的权力，对专家的安排一定要给予配合，这样才能使专家咨询发挥应有的作用。因为每种模式各有利弊，反映在企业实际中时往往不是某一种模式的简单应用，很多情况下是多种模式的混合使用。

第二章
薪酬战略与体系设计

薪酬战略源于企业的核心价值观和经营战略。不同行业的企业具有不同的价值观、不同的战略使命，因此也相应地具有不同的薪酬战略。

薪酬战略没有绝对的好坏之分，关键在于如何运用不同的薪酬体系保障战略实施，促进企业经营目标的实现，使得企业能够持续不断地迅速发展。因此我们需要认真研讨企业薪酬战略制定和薪酬体系设计的有关内容。

技能点 1
企业薪酬战略制定

> 对于人力资源经理来说，设计与管理薪酬战略是一项极为困难的任务。如果建立了有效的薪酬战略，企业就会进入良性循环；相反，则无法使员工的主观能动性和工作积极性得到充分发挥。
>
> 人力资源经理应根据企业的人力资源战略、外部法律环境、行业竞争态势及企业发展特点制定切合于企业实际的薪酬战略。

因此，如何制定有效的薪酬战略，让员工从薪酬上得到最大的满意，应当成为现代企业努力掌握的重要课题。可以从以下几方面来把握：

1. 为员工提供有竞争力的薪酬

支付高工资的企业最能吸引并且留住人才，尤其是那些在专业技能方面出类拔萃的员工有竞争力的薪酬，对在行业内业绩领先的企业来说尤其必要。因为较高的报酬会带来较高的满意度和较低的离职率。结构合理、管理良好的绩效付酬制度，才能留住优秀的员工，淘汰不称职的员工。

2. 重视内在报酬

内在报酬是相对于外在报酬而言的，它是基于工作任务本身的报酬，表现为对工作的胜任感、成就感、责任感和受重视、有影响力、个人成长，以及富有价值的贡献等各个方面。事实上，对于知识型员工来说，内在报酬与工作满意感有相当大的关系。因此，企业组织可以通过工作制度、员工影响力、人力资本流动政策来执行内在报酬，让员工从工作中得到最大的满足。

3. 把收入和技能挂钩

建立个人技能评估制度，以员工的能力为基础来确定其薪水，工资标准由技能最低到最高相应地划分出不同级别。技能评估制度在调换岗位和引入新技术等方面显现较大的灵活性，当员工证明自己能够胜任更高一级工作时，他们所获的报酬也会顺理成章地提高。此外，基于技能的薪资制度还改变了管理的导向，实行按技能付酬后，管理的重点不再是限制工作任务使其与岗位级别相一致，相反，最大限度地充分利用员工的技能将成为新的重点。这种评估制度最大的好处是能传递信息，使员工关注自身的发展。

4. 增强沟通交流

现在许多公司采用秘密工资制，提薪或奖金发放一律不公开，使得员工很难判断在报酬与绩效之间是否存在必然联系。他们既看不到别人的报酬，也不了解自己对公司的贡献价值，这样自然会削弱薪酬制度的激励和满足功能。一种封闭式制度会极大地伤害人们的平等感，而平等是实现薪酬激励机制的重要因素之一。

5. 让员工参与薪酬制度的设计与管理

外国公司在这方面的实践表明：与没有员工参与的薪酬制度相比，让员工参与设计与管理的薪酬制度往往能更令人满意且能长期有效。员工更多地参与薪酬制度的设计与管理，无疑有助于形成更适合员工需要和更符合实际的薪酬制度。在参与制度设计的过程中，针对薪酬政策进行沟通，不仅能促进管理者与员工之间的相互信任，同时使原本带有缺陷的薪资系统不断得以完善。

薪酬战略涉及如何最大程度地发挥薪酬的激励作用，因此在制定过程中必须全面考虑企业实际情况，认真分析各种有利因素与不利因素，进行综合权衡，统筹规划。

技能点 2
企业薪酬结构设计

企业的薪酬结构是企业中各个员工的薪酬所组成的一种网状结构，是企业人力资源价格组成的人力资源价格体系。薪酬结构是指对同一组织内部的不同职位或是技能等级之间的工资率所做的恰当安排。它所强调的是不同职位或技能等级之间的薪酬差距，以及用来确定这种差距的标准。

一个完整的薪酬结构应包括以下内容：

1. 薪等与薪点

薪等是指薪酬的等级，一般根据员工所处的工作岗位、教育背景、工作经验、年限、业绩等各方面条件进行划分。

在职能工资中，员工的收入水平不是以我们习惯的货币形式表示的，例如我们一般说员工 A 的工资是 1320 元，员工 B 的工资是 1600 元，职能工资则是用薪点来表示员工的收入水平。

员工的薪点数越高，表明其薪酬水平也越高，反之则越低。薪点是企业分配的最小价值单位，它随赋予每个薪点的货币价值的不同而代表不同的金额，也叫薪点值。

薪点的本质特征是：第一，员工的薪点数不同表明员工在企业的价值是不一样的。这可能是由许多因素造成的，例如不同的教育背景，应负职责大小，拥有的技能、工作经验或具备的综合能力等。第二，薪点数反映的是员工任职资格所处的层级，也就是员工胜任其所在职种的水平有多高，反映了员工所具备的知识、技能、经验等对企业所做贡献的价值。

有三个因素影响薪点数：职种、任职资格等级、绩效。如图2-1所示。

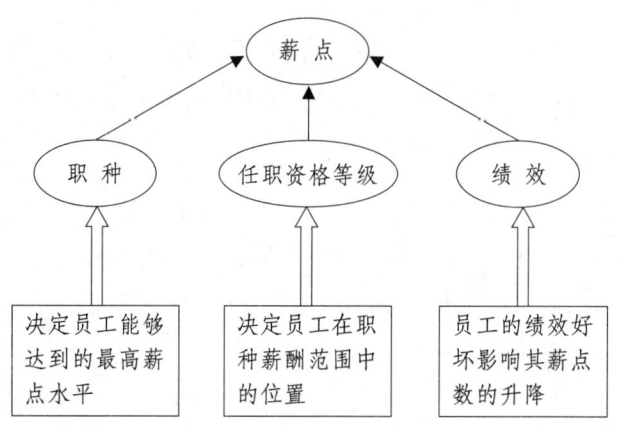

图2-1　影响薪点的因素

2.薪酬变动范围与薪酬变动比率

所谓薪酬变动范围，也称为薪酬区间，实际上是指某一薪酬等级内部允许薪酬变动的最大幅度。也就是，同一薪酬等级内部最低薪酬水平和最高薪酬水平之间的绝对差。

薪酬变动比率是指同一薪酬等级内部最高值与最低值之差与最低值之间的比率。用公式表示就是：

薪酬变动比率＝（最高值－最低值）/最低值×100%

通常情况下，薪酬变动比率的大小取决于特定职位所需的技能水平等各种综合因素，所需技能水平较低的职位所在的薪酬等级变动比率要相应地小一些，所需技能水平较高的职位所在的薪酬等级变动比率则要大一些。在确定薪酬变动比率时一定要谨慎，因为它的改变会影响最高值和最低值。

3. 同一组织相邻薪酬等级之间的交叉重叠

相邻的薪酬等级之间有交叉重叠，是指除了最高薪酬等级的区间最高值和最低薪酬等级的区间最低值之外，其余各相邻薪酬等级的最高值和最低值之间往往会有一段交叉和重叠的区域。当然，也可以进行无交叉处理，即把相邻薪酬等级设计成相互衔接的部分。实践中，大部分企业倾向于将薪酬结构设计成有交叉重叠的，尤其是对于中层以下的职位更是如此。

同一区间的不同员工存在薪酬差异，或是因为员工处于不同的薪等，或是因为员工处于同一薪等不同的资历薪酬，或是因为员工在相对较短时间里特殊的工作表现不同。

某企业某一薪酬等级中，薪酬的最高值为12000元，最低值为7500元。

薪酬变动比率＝（12000－7500）/7500×100%＝60%

技能点 3
科学设计薪酬体系

一个优秀的薪酬系统应该具备什么特点呢？实践证明，它应该"对内具有激励性，对外具有竞争力"。要符合这一特点，必须设计一个科学合理的薪酬体系。目前，国际上通行的有职位、技能以及能力三种薪酬体系。这里从一般角度来讲解薪酬体系设计的步骤。

1. 工作分析

工作分析就是对各种工作的性质、任务、责任、相互关系，以及任职工作人员的知识、技能、条件进行系统的调查和研究分析，科学准确地描述并做出规范化记录的过程。它是薪酬设计的基础，也是一种重要的人力资源管理技术。

通过工作分析，可以详细说明各级人员的职责，从而避免工作重叠，劳动重复，提高个人和部门的工作效率及和谐性。

工作分析的步骤如下：

（1）确定工作分析所需的信息和数据——工作内容、工作背景和员工的必要条件。

工作内容指员工在工作中实际做什么或公司需要员工做什么，确定员工工作目标及工作过程所使用的工具、设备和机械等。

工作背景指完成工作的条件以及对员工的要求。

员工的必要条件指有效的工作所需要的知识、技能、个人特征和证书。

（2）确定如何搜集信息。工作分析所需的信息和数据常由人力资源专业人员来做，通过访谈、观察岗位工作及利用设计好的问卷加以收集。

通过上述方法搜集并处理的信息，有助于人力资源部门对以往的工作分析资料做出修正，并对相应的人力资源的工作做出调整。

（3）编写工作说明书。工作说明书是对有关工作职责、工作活动、工作条件，以及工作对人身安全危害程度等方面的信息进行的书面描述。

2. 职位评价

职位评价是确保薪酬系统达到公平的重要手段，它有两个目的：一是比较企业内部各个职位的相对重要性，得出职位等级序列；二是为薪酬调查建立统一的职位评估标准。

职位评价方法主要有要素比较、排序、计点和分类四种。

3. 薪酬调查

（1）薪酬调查的对象最好选择与本企业有竞争关系的公司或同行业的其他公司。

（2）薪酬调查的数据要有年度薪酬增长情况、不同薪酬结构对比、不同职位和级别的职位薪酬数据等。

（3）薪酬调查的资料要准确，同时需要随时更新。

（4）薪酬调查的渠道主要包括企业之间的相互调查、委托专业机构调查等。

4.薪酬定位

（1）在分析同行业的薪酬数据后，应根据企业的不同状况确定不同的薪酬水平。

（2）综合考虑影响薪酬制定的因素。

（3）在薪酬水平的定位上，企业可以选择薪酬领先战略或跟随战略。

5.薪酬结构设计

薪酬结构设计需要对公司及个人进行评估，因此是一个系统工程。

（1）薪酬价值观和薪酬思想反映了企业的分配哲学，即依据什么原则来确定员工的薪酬。

（2）不同的价值观决定了不同的薪酬结构。

（3）企业在设计薪酬结构时往往要综合考虑五个方面的因素：职位等级、个人技能和资历、工作时间、个人绩效、福利待遇等。

尽管企业薪酬体系各不相同，但是，薪酬体系设计基本上遵循工作分析、职位评价、薪酬调查、薪酬定位、薪酬结构设计这样的步骤，当然具体情况还要具体分析。

小王到一家咨询公司实习，公司老孙带着他进行项目咨询。

第三天某公司人力资源总监找到了老孙，小王在一旁作笔录。

"孙先生，我想向您咨询公司薪酬管理方面的事情。"

"好的，我们公司比较擅长运作这方面的业务。"

"是这样的，我们公司目前进入一个快速发展的时期，需要对原有的薪酬体系进行改革。"

"我想了解一下目前贵公司在薪酬制度上遇到的问题是什么？"

……

经过半个小时的交谈，老孙送走了来访的人力资源总监，转头对小王说:"你把薪酬体系设计的流程拟订一下吧。"

小王答应了一声,马上开始着手拟订薪酬体系设计流程。

薪酬体系设计简单流程如下:

工作分析 ⇨ 职位评价 ⇨ 薪酬调查 ⇨ 薪酬定位 ⇨ 薪酬结构设计。

技能点 4
职位薪酬体系设计

> 职位薪酬体系是一种传统的确定员工薪酬的基本制度,它是指企业根据员工所从事工作的价值确定员工的基本薪酬。职位薪酬体系首先对职位本身的价值做出客观的评价,然后根据评价的结果而赋予承担这一职位的人与该职务价值相当的薪酬。

职位薪酬体系实际上假定:担任某一职位工作的员工具有适应该工作的能力,这种体系不鼓励员工掌握跨越本职位的其他方面的技能。

1. 特点
最基本的特点是:以职定酬,即员工担任什么样的职位就会得到与这个职位价值相当的薪酬。

2. 优点
(1) 实现了同工同酬和按劳分配。
(2) 针对职位进行薪酬管理,操作比较简单,成本低。
(3) 有利于提升员工增强技能的积极性。

3. 缺点

（1）只考虑职位而不考虑人的因素，在员工升职无望时往往会降低其工作积极性。

（2）职位薪酬相对稳定，不能很好地激励员工。

4. 实施的前提条件

（1）职位说明书制定规范、系统和具有时效性。

（2）能够很好地掌握和应用职位评价的技术。

（3）职位的工作内容稳定。

5. 设计流程

（1）工作分析。

与一般流程的工作分析过程一致。

（2）编写职位说明书。

职位说明书要求准确、规范、清晰。在编写之前，需要确定职位说明书的规范用语、版面格式要求和各个栏目的具体内容。

职位说明书编写与管理一般包括以下几项内容：

① 职位基本信息。

职位基本信息也称为工作标识，包括职位名称、所在部门、直接上级、定员、部门编码、职位编码。

② 工作目标与职责。

重点描述从事该职位的工作所要完成或达到的工作目标，以及该职位的主要职责权限等。

③ 工作内容。

这是最主要的内容。此项详细描述该职位所从事的具体工作，应全面、详尽地写出完成工作目标所要做的每一项工作，包括每项工作的综述、活动过程、工作联系和工作权限。同时,在这一项中还可以描述每项工作的环境和工作条件,以及在不同阶段所用到的不同的工具和设备。

④ 工作的事件特征。

反映该职位通常表现的工作特征。例如,在流水线上可能需要三班倒;在高科技企业中需要经常加班;建筑施工人员经常到外地施工;一般管理人员则正常上下班等。

⑤ 工作完成结果及建议考核标准。

反映该职位工作完成的标准,以及如何根据工作完成情况进行考核。具体内容通常与该组织的考核制度结合起来。

⑥ 教育背景。

此项填写从事该职位应具有的最低学历要求。在进行工作分析时,经常有这样的情况:某职员是一位有多年工龄、经验丰富的只有大专学历的员工,但他的教育背景显然不能反映他现在的教育水平。因此,在确定教育背景时应该考虑,如果让一位新员工来工作,他最低应该是什么学历,而不一定是在职员工当前的学历。

⑦ 工作经历。

反映从事该职位之前,应具有的最起码的工作经验要求。一般包括两方面,一是专业经历要求,即相关的知识经验背景;二是本组织内部的工作经历要求,尤其针对组织中的一些中、高层管理职位。

⑧ 专业技能、证书与其他能力。

反映从事该职位应具有的基本技能和能力。某些职位对专业技能要求较高,没有此项专业技能就无法开展工作。而另一些职位相比之下则对某些能力的要求更高。

⑨ 专门培训。

反映从事该职位前,应进行基本的专业培训,否则将不允许上任或无法胜任工作。具体来说,是指员工在具备了教育水平、工作经验、工作技能之后,还必须经过哪些培训才能上岗。

⑩ 体能要求。

对于体力劳动型的工作,这项要求非常重要。

职位说明书一般由人力资源部门统一归档管理,它的编写并不是一劳永逸的工作。实际中组织内经常出现职位增加、撤销的情况,更普遍的情形是某项工作的职责和内容经常出现变动。每次的变动都应该及时记录在案,并迅速反映到职位说明书的调整之中。在这种情况下,一般由职位所在部门负责人向人力资源部提出申请,并填写标准的职位说明书修改表,由人力资源部门进行信息收集并对职位说明书做出相应的修改。

(3) 进行职位评价。

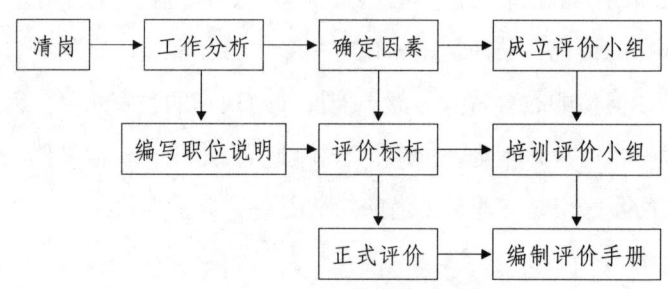

图 2-2　职位评价程序

① 清岗。

清岗是工作分析的前期工作。清岗过程是指为企业中所有的岗位定义一个标准的名称,把最终确定的岗位称为职位,职位名称必须充分而精练地反映该岗位的职责、内容、任职资格要求上的特性。清岗的结果是得到企业所有职位的目录,它是规范工作分析与职位评价的基础。

② 职位评价的筹划与准备。

有了职位目录后,接下来的工作便是对这些职位的各个报酬因素做出评价。职位评价的前期工作主要包括制订职位评价的工作计划、工作方式,设立评价专家小组和数据处理工作组。

在确定评价专家小组成员时需要考虑以下因素:专家必须是一些熟悉企业工作状况的人;专家最好能够涵盖企业各个部门,各个层次;专家小组中应有职工代表,有助于职工更好地接受评价结果。专家小组人数一般在 10～20 人之间。

除专家小组之外,一般还有一个由 4～5 人组成的专门处理评价数据的工作小组,事先设计一个专用的评价数据软件将会有助于提高评价效率。

③ 培训评价专家小组。

对专家小组成员的培训包括:职位评价的作用、职位评价的流程、职位评价中需注意的问题、职位评选的立场和原则、评价工具的使用、对评价过程中出现分歧的处理原则等。

专家培训对于整个职位评价工作而言,是统一思想、明确任务要求的基本环节。

④ 讨论报酬因素,确定评价指标体系。

因素评点法的原理在于,把一个职位分解为多个报酬因素,而每个报酬因素又细分为多个程度级别,通过实际情况与报酬因素描述的对比来确定每个职位的最后得分。

职位报酬因素的分解一般采用国际通用的指标体系,即从"风险责任""知识与技能复杂性""努力程度要求"和"工作环境特征"四大方面来考虑,通常确定 20～30 个不同的报酬因素。

不同的企业,有着不同的薪酬理念和实际情况,同一报酬因素,在不同企业的程度等级上划分也不尽相同。专家小组必须对报酬因素及其等级划分具有充分一致的理解,评价工作才能保证客观性。

⑤ 建立评价标杆。

建立评价标杆法的目的在于改善评价结果的有效性并提高工作效

率。"评价标杆"指一系列具有代表意义的典型职位。通过与这些典型职位的横向比较，专家们能够比较方便而准确地对其他职位的各个报酬因素进行评价。

评价标杆一般要考虑以下两个因素：

第一，标杆分布在层次上要大致均匀，从企业高层到低层职位都要有典型作为标杆。

第二，专家们必须对标杆职位非常熟悉，且对该职位在企业中的重要性的认识也趋于一致。

选择好评价标杆后，对标杆职位进行逐项评价，打分记点，得到标杆职位各个报酬因素的评价点数，然后制作一张详细的"标杆职位评价点数表"。这样，专家们对以后评价的标准、打分的原则，会有更加清楚的感性认识。

⑥ 对各个职位进行评价。

评价过程简单说就是逐项打分，确定每一职位各个报酬要素的点值。

在评价某一职位时，首先由最了解该职位的专家介绍该职位的风险责任、工作内容、工作环境、脑力和体力要求等情况。其他专家参考这些解释以及《职位说明书》，根据自身对该职位的了解和判断独立地对每一个报酬因素进行等级确定，并给予相应的薪点值。某一职位各个报酬因素的最终得分，都是经过去掉最高分和最低分的处理之后的算术平均值，所有报酬因素加权后的得分，就是该职位的最终评价总分。

数据处理小组的工作人员把评价数据收齐，用专门的数据处理软件对数据进行统计分析，及时反馈给评价专家小组，专家小组进行讨论，达成一致意见。

⑦ 编写职位评价的指导手册。

把各个要素及其等级的定义、薪点值汇编成一本便于使用的指导手册,存档并作为以后薪酬方案设计的理论依据。

(4) 建立职位结构。

什么叫职位结构呢?一家公司设哪些部门,每个职能部门有哪些职系,每个职系里有哪些职位组,一个职位组有几个职位,这就是职位结构。现在的问题是,很多企业或部门没有一个清晰的职位结构,每个职位的应负责任、业绩的衡量标准、职位价值、上下层级关系没有理顺。要做好组织性职业生涯设计,就需要在职位体系的划分上做好基础工作。

建立组织的职位体系,需要在职位族、类上做科学的划分。既要与组织结构一致,也要与职位要求一致。还需要对职位做合理的分层:高、中、基层职位的名称、数量都要明晰化。这样,可以为后面的职业生涯规划提供真实的职位信息基础;一些职位空缺,需要什么样的人,可以从什么职位晋升上来;有人升职了,相应岗位的空缺替补计划如何做出。一系列岗位的变动,对员工来说,就是职业发展的机会。

综上所述,职位薪酬体系是一种重要的确定员工薪酬的制度,尽管传统上那种严格细致的职位薪酬体系不适应灵活多变的市场环境,但是不可否认它仍然具有很强的实用性。

技能点 5
技能薪酬体系设计

> 技能薪酬体系，是指组织根据员工掌握的与工作密切相关的技能的深度和广度来支付薪酬的一种报酬制度，它可分为深度和广度两种技能薪酬体系。广义的技能薪酬体系也包括能力薪酬体系。技能薪酬体系通常适用于技术人员、操作人员及工作比较具体的基层或部分中层管理人员。企业在确定员工基本的薪酬水平时，往往依据的是员工所掌握的技能水平。

1. 特点

员工所获得的薪酬是由员工的技能而不是所处的工作职位决定的。员工的薪酬增加是和个人技能的不断提高和进一步完善紧密联系在一起的。

2. 优点

（1）激励员工不断关注自身技能的提高，从而能够不断地提升个人价值。

（2）在一定程度上能够激励优秀人才安心工作。由于技能薪酬体系弱化以职位等级或行政等级为导向的激励手段，从而使得专业优秀人才不再致力于谋求本身无优势的管理职位。

(3) 有利于团队合作能力的提升。因为技能一般需要团队合作才能发挥更大的作用，因此重视技能实际上也有利于强化全体参与性，从而提升团队合作能力。

3. 缺点

（1）技能薪酬体系要求企业为提高员工技能，必须付出更多的投入，这样才能确保员工技能的提高，从而促进整个企业经济效益的大幅度提高。

（2）技能薪酬体系的设计和管理要比职位薪酬体系复杂得多，因此也相应地带来管理成本上的增加。

4. 实施的前提条件

（1）组织内部员工对所从事的工作具备深度和广度的技能。
（2）管理层认可技能薪酬体系的应用。
（3）企业需要建立一套培训体系对员工进行技能培训。

5. 设计流程

（1）成立技能薪酬计划设计小组和指导委员会。设计技能薪酬计划的一个关键点是把技能薪酬计划涉及的人员吸收进来，一个典型的设计小组应当由将来执行这套计划的部门员工组成。
（2）进行工作任务分析与评价，创建新的工作任务清单。
（3）技能等级的确定与定价。
（4）技能的分析、培训和认证。

在实施技能薪酬计划之前必须认真分析计划涉及的各个方面，以最大限度地减少失败的风险。

近年来技能薪酬计划已经被广泛应用到电信、银行及其他服务型企业，成为一种重要的薪酬决定模式。

实践证明，技能薪酬计划能够在任何类型和任何规模的组织中存在，目前所覆盖的职位已经扩展到白领和专业技术工人领域。事实上，在1985年时，大约只有8%的美国企业报告说在其下属的某一个工厂实施了技能薪酬计划，而到了1990年左右，《财富》杂志对500家制造业公司和500家服务公司进行的调查发现：51%的公司已经开始实施某种形式的技能薪酬计划。

例如一家大型的全国性保险公司的总部过去是典型的职能型组织，管理人员的层级很多，负责处理特定的保险申请并且签保单的办公桌一张挨一张，客户如果同时办理多项保险，需要与不同的人打交道。后来该公司裁减了若干管理层级，建立了处理多种业务的员工团队。为适应这种调整变化，该公司同时实施了技能薪酬计划，以便对获取和应用新技能的员工提供更高的相应报酬。

以前，我国的薪酬制度普遍实行职位薪酬体系。由于这种体系的薪酬支付看重的只是职位，而忽略人的能力这一更重要的因素，从而使得员工热衷追求职位，而不注重提高能力和水平，久而久之，就导致了"官本位"思想的产生与泛滥。

技能薪酬体系能够较好地消除这种思想。由于这种薪酬体系是以技能为导向，而不是以职位或行政级别为导向，从而能够使优秀人才专心工作，提升能力水平。

技能点 6
能力薪酬体系设计

> 能力是指一系列的技能、知识、行为特征及其他个人特性的总称，实际上是指能够增加价值以预测未来成功的重要因素。对能力的强调必须贯穿于员工招聘、考核、激励、晋升等整个人力资源管理系统之中。

能力薪酬体系是一种长期存在的薪酬决定体系。企业在确定员工基本的薪酬水平时所依据的是员工所具备的能力或是任职资格，能力薪酬体系实际上是在技能薪酬体系基础上的进一步拓展。

1. 特点

能力由知识、技能、自我认知、人格特征和动机五大因素构成，对能力的界定非常抽象和困难。一般而言，员工能力通常包括核心能力、能力模块和能力指标等三方面的内容。

2. 优点

（1）激励员工不断完善自我提升能力。能力薪酬的出发点就是以员工能力大小为尺度设计薪酬额度，为取得更多的薪酬回报，员工将不断地进行与能力完善相关的工作，从而起到激励员工提升能力的作用。

（2）在一定程度上体现了以人为本的企业理念。

3. 缺点

（1）由于能力的界定很困难，虽建立了一套能力模型并据此制定了一套新的薪酬方案，但仍有可能失之偏颇，无法满足企业的期望。

（2）能力薪酬计划由于存在额外的管理和人力资源方面的要求，所以如果管理不善，其优点可能会被抵消。

4. 设计流程

（1）确定哪些能力是企业发展所需要的，是值得企业付出报酬的。

研究表明，最为常用的20种核心能力包括：成就导向、质量意识、主动性、人际理解力、客户服务导向、影响力、组织知觉性、网络建立、指导性、团队与合作、开发他人、团队领导力、技术专家、信息搜寻、分析性思考、观念性思考、自我控制、自信、经营导向、灵活性等。

（2）确定哪些品质能够体现这些能力，从而推断具备何种特性及行为的员工是企业所需要的。

（3）检验这些能力是否能够使员工绩效突出，哪些品质确实能使员工创造更多的价值。

（4）依据能力要求，评价员工能力，给予合理的薪酬水平。

显然，在能力薪酬体系中，员工的基本薪酬取决于个人的理解能力和执行能力等多种能力的综合。因此，实施能力薪酬会极大地激励员工努力提升自己的能力。

技能点 7
不同薪酬体系的特点

> 职位薪酬体系、技能薪酬体系、能力薪酬体系作为三种不同的基本薪酬体系,既存在相似点,又存在较大不同。不同的薪酬体系有不同的适用条件,选择时必须综合考虑。现在我们比较一下这三种薪酬体系的异同。

1. 考核依据

(1) 职位薪酬体系:以市场和所完成的工作为基础。

(2) 技能薪酬体系:以经过认证的技能和市场为基础。

(3) 能力薪酬体系:以能力开发和市场为依据。

2. 价值的量化

(1) 职位薪酬体系:岗位和工作职责。

(2) 技能薪酬体系:技能水平。

(3) 能力薪酬体系:能力水平。

3. 管理者所关注的重点

(1) 职位薪酬体系:员工与本职位工作的匹配程度。

(2) 技能薪酬体系:有效利用技能的实际水平。

（3）能力薪酬体系：确保能力带来价值增值。

4. 员工关注的重点

（1）职位薪酬体系：寻求不断升职。
（2）技能薪酬体系：寻求技能的进一步提升。
（3）能力薪酬体系：寻求能力的持续提升。

5. 程序

（1）职位薪酬体系：职位分析，职位评价。
（2）技能薪酬体系：技能分析，技能认证。
（3）能力薪酬体系：能力分析，能力认证。

可以看到：三种模式的侧重点有所不同，那么我们在实践中可以从职位、技能和能力三者之中任选其一或几个作为确定企业薪酬系统的依据。三种模式的优缺点如表 2-1 所示。实践中，企业可能对生产人员和职能管理人员采用职位薪酬体系，而对技术研发人员和销售人员采用技能薪酬体系。

表 2-1　职位、技能、能力三种薪酬体系的优缺点

比较项目	职位薪酬体系	技能薪酬体系	能力薪酬体系
优点	• 思路清晰 • 考核简单 • 可控性较强	• 较为灵活 • 持续性学习 • 有利于团队合作	• 灵活性强 • 激励员工 • 以人为本
缺点	• 容易造成官本位制 • 不够灵活	• 成本控制不好把握 • 费用支出较大	• 不易考评 • 不易控制

第三章
薪酬体系设计流程

确定薪酬体系首先要进行工作分析和薪酬调查。职位是连接组织与人的基本单元,工作分析和职位评估是人力资源管理中最基本的工作,而薪酬调查是企业建立有竞争性的薪酬体系必须要做的基础工作。通过工作分析以及对外部人力市场的薪资状况调查,可以确定不同的职位相应的薪酬水平,从而为建立科学合理的薪酬体系打下坚实的基础。

技能点 1
科学地工作分析

> 任何一个组织内部都会有大量的工作，而这些工作分别需要由相应的人员来承担，因此进行薪酬管理首先需要进行工作分析，解决某一职位应该做什么以及什么样的人适合做的问题。

工作分析又称职位分析，是指了解某一工作（或职位）并以某种格式将这种信息描述出来，从而使其他人能了解这种工作（或职位）的过程。工作分析是现代企业人力资源管理活动的基石。以下是工作分析过程。

1. 计划阶段

（1）确定工作分析的目的。

确定为工作分析所取得的资料是用来做什么的，解决什么样的问题，会产生什么样的效果。

（2）限定所要收集的情报类别和收集方法。

信息、情报的搜集必须有明确的目标，不能不加选择地搜集。

（3）确定应用范围。

应用于人力资源工作的哪一方面，是招聘、培训还是绩效考核。

（4）确定工作分析对象。

需要确定是组织中的每个员工还是特定岗位的员工。

（5）建立工作分析小组。

由企业内部专家、人力资源管理人员和熟悉该工作的员工组成。

（6）分配工作分析活动的责任和权限。

2. 准备阶段

（1）选择信息来源。

员工自身反映、行业内部已有信息、咨询专家提供信息等。

（2）选择分析者。

确定是企业内部人员、外部专家还是两者共同参与组成分析小组。

（3）选择分析方法与系统。

工作分析有多种方法，关键是要与企业所需要实现的效果相关联。

3. 数据收集与分析阶段

（1）按选定的方法系统和程序收集信息，可以通过洽谈法、观察法和问卷法进行此项工作。

（2）进行信息描述、信息分类和信息评价。

（3）把获得的分类信息进行解释、转换和整合，使之形成规范的书面文件。

4. 结果形成阶段

（1）形成工作说明书。

这是对经过工作分析所得到的关于某一特定工作职责与任务的一种书面说明。

（2）形成工作规范。

这是对适合从事被分析工作或职位的人的特征所进行的描述，又称为任职资格，主要阐述符合某一工作要求的员工所应具备的关于教育、技术水平等各方面的任职条件。

5. 应用阶段

（1）传播分析结果，制作各种应用文件。把经过工作分析形成的工作说明书、工作规范等制成书面文件，对相关人员进行宣讲，使其明确了解有关内容。

（2）培训工作分析结果的使用者，使之熟悉各自的工作联系和行为规范。

6. 控制反馈阶段

（1）对培训结果进行信息反馈。

（2）掌握工作最新动态。

（3）开始新的工作分析。

组织是动态发展的，每一次较大的发展变化都会引起工作分析结果发生变化，因此整个工作分析过程就会周而复始地进行，贯穿于整个人力资源管理活动的全过程。

技能点 2
工作分析数据收集

工作分析数据收集是一项非常重要的工作，只有数据收集准确，工作分析才会科学合理。因此我们必须重视数据收集的方法。

1. 观察法

观察工作者和其他相关对象，记录所看到的现象，然后根据信息的使用目的进行认真总结。最早使用观察法进行工作分析的当属科学管理之父泰勒，他通过观察优秀员工的工作表现总结出一整套工作流程加以应用，从而极大地提高了工作效率。观察法最适用于初步分析或是对将要研究的工作群体了解很少的情况，不适用于鉴定已经掌握的信息。

2. 访谈法

访谈者根据计划安排收集期望得到的信息，也可以通过启发、了解员工的思想，探讨相关问题来获取一些额外信息。访谈时要善于沟通和交流，注意非言语交流，不要主宰讨论。

（1）访谈对象。

每位员工，从事同种工作的员工群体，主管人员。

(2) 访谈过程。

① 访谈准备。访谈人员应事先了解访谈对象及所在部门的相关背景。

② 开始访谈。务必使访谈对象清晰了解访谈的原因、目的。

③ 促进访谈，做好记录。访谈者尽量问一些开放式问题，避免提倾向性过强的问题，特别是避免误导访谈对象。访谈对象注意倾听"言外之意"，特别是要详尽地做好笔记。

④ 结束访谈。感谢访谈者，并向访谈对象说明如有需要还可能再找他了解进一步的情况。

3. 问卷法

问卷法是让员工通过填写问卷来描述其工作中所包含的任务和职责，问卷的结构及问题是其核心内容。这是一种快速高效地获取信息的手段，与访谈相比，问卷法要简单省事一些。但是设计问卷并进行测试是一项花费较多且耗时较长的工作，同时回答问卷的员工态度也决定了问卷法的效果。

从以上分析可以看出，工作分析数据的收集是一项很重要的工作，实践中，我们应当根据实际情况选取不同的数据收集方法（见表3-1）。

表3-1 各类工作分析方法优缺点

方法 特点	观察法	访谈法	问卷法
优　点	可以收集广泛的数据	现场感受访谈对象的心理； 进行深入探讨，获取广泛信息； 访谈者可以现场引导访谈对象来深入理解问题	短期内可以收集大量信息； 定量分析较为方便； 回答者考虑时间较为充分

（续表）

特点 \ 方法	观察法	访谈法	问卷法
缺 点	受观察者的能力局限较大	访谈易受主观思想误导；访谈需要投入人力、物力和时间；访谈对象没有匿名，有时不敢说真话	成本较高；回答者对某些问题理解上可能存在着一定的偏差

技能点 3
正确客观地编写职位说明书

职位说明书是对经过工作分析所得到的关于某一特定工作的职责与任务的一种书面说明，通常分为工作描述和工作规范两个部分。职位描述是指对该职位在组织中所承担的责任和任职者所应具备的基本任职条件的说明，通常用职位说明书来反映。那么职位说明书到底是描述工作中的人还是人的工作呢？这个问题是职位说明书应明确的基本原则。

1. 职位说明书的基本原则

（1）任职者与职位。

① 职位说明书反映的是职位本身而非任职者，面向任务而非面向人。

② 任职者的个人素质会影响自己在职位说明书中的位置。

（2）组织机构与职位。

① 要准确地了解职位，首先应了解围绕该职位的组织架构。

② 职位是组织架构的基本单位。

③ 职位是动态的，不是孤立的。

（3）职位本身。

① 是对职位的职责进行全面分析，而非只做简单罗列。

② 以实际工作中正在发生的事实为依据，而非只做主观判断。

③ 其所描述的职责可以考核，而非笼统模糊。

2. 职位说明书的内容

(1) 职位标识。

① 职位名称。

② 任职者。

③ 上下级职位名称等。

(2) 职位设置的目的。

① 用一句话简明扼要地说明设置该职位的原因。

② 该职位在完成组织整体目标中承担的任务。

③ 该职位对组织的特殊贡献。

(3) 应负责任。

应负责任指出了任职者在职位中所进行的主要活动以及应达到的结果。简单地说，应负责任＝活动＋结果。

职位所要承担的每项工作责任的内容以及要达到的目的，着重于最终结果，因此它应该是：

① 全面综合的；

② 不受时间影响；

③ 清晰可衡量；

④ 体现职位特点。

(4) 关键业绩衡量标准。

① 确定应当用何种指标衡量每项工作的完成情况。

② 可以是定量的，也可以是定性的。

③ 着重于最主要的绩效标准。

(5) 任职要求。

① 该职位所需的最低而非理想的要求。

② 学历与专业。

③ 工作经验。

④ 知识与技能。

⑤ 合格任职者所应具备的个人素质。

(6) 工作范围。

本职位对财务数据、预算以及人员等方面的影响范围。

(7) 工作联系。

① 职位的工作报告对象。

② 监督对象。

③ 合作对象。

④ 外部交往。

(8) 工作环境和条件。

① 工作时间。

② 工作地点。

③ 噪音、危险等各种干扰因素。

(9) 其他有关信息。

① 该职位所面临的主要挑战。

② 所要做出的重要决策或规划。

3. 对职位说明书的检验

(1) 可靠性。

① 稳定性：对职位说明书反复使用后理解无歧义。

② 一致性：同一时间不同的使用者会产生相似的理解。

(2) 有效性。

① 职位说明书作为一种工具能够发挥它应有的对职位进行说明的作用。

② 职位说明书能推导出其他所需要的信息。

③ 有助于人力资源管理人员的工作。

④ 能作为研究的工具。

(3) 准确性。

① 反映工作要素价值的真实程度。

② 与实际情况的一致性越高,其准确性也相应越高。

职位说明书的编写是人力资源管理最基础的工作,人力资源管理的多项功能都以"职位说明书"为依据,如员工招聘可以用"职位说明书"中的任职条件作为标准来进行。因此职位说明书所反映的内容准确与否直接影响到人力资源管理工作的效率高低。

技能点 4
排序法职位评价

> 职位评价是一种合理而公正的对职位定级的制度，它把各项职位进行比较或按预定的标准加以衡量，以确定职位在某一组织中的相对价值。
>
> 在运用排序法时要求评价者对需要评价的职位内容相当熟悉，否则就不可能做出准确的判断。
>
> 对于以职位作为薪酬确定基准的薪酬体系来说，其核心工作是对职位本身的价值及其对组织贡献的大小进行评价。
>
> 注意：新手或者刚刚入职的员工不适合参加排序法工作评价。

职位评价的方法有量化评价和非量化评价两种。我们重点讲解非量化评价方法中的排序法和分类法，以及量化评价法中的计点法。

1. 排序法的内涵

排序法是最简单的职位评价方法，是由评价人员对各个岗位的重要性做出判断，并根据工作岗位相对价值的大小按升值或降值顺序来确定岗位等级的一种评价方法。

2. 排序法的分类

排序法可分为直接排序、交替排序和成对比较三种。

（1）直接排序法。

指简单地根据职位的价值大小从高到低或从低到高对职位进行排序。

（2）交替排序法。

将每种职务填入一份职位说明书或职务内容大纲的卡片，从待评价职位中找出价值最高的一个职位，然后再找出价值最低的一个职位，再接着从剩余职位中找出价值最高的职位和价值最低的职位，如此循环，直到所有的职位都被排列起来为止。

（3）成对比较法。

首先将每个需要评价的职位与其他所有职位分别两两配对加以比较，其价值较高者可以得 1 分，然后再根据职位在所有比较中的最终得分来划定职位的等级顺序。分数最高者即等级最高，按分数高低进行排列，即可划定职务等级。

3. 排序法的步骤

（1）进行工作分析。

在这一步骤中，由熟悉企业全部工作的评价委员或部门主管依据下列重要因素（或称要素）对各类工作进行分析：

① 工作数量；

② 工作难度；

③ 工作责任；

④ 必要的训练和经验；

⑤ 工作条件。

将工作分析的结果制成工作说明书。

（2）选择报酬因素并对职位进行分类。

排序依据既可以选择单一因素，也可以选择综合因素（如工作压力、工作环境等）。无论选择何种报酬因素，最好要向职位评价人员仔细解释其具体含义，以确保评价工作的一致性。

（3）对职位进行评价。

由工作评价委员分别根据职位说明书，或根据自己对该项工作的印象，按照难易或价值大小的次序对职位进行排列。

（4）综合排序结果。

在每个人的排序结果出来之后，还要对各个评价结果取一个平均值，从而完成对职位的最终评价。

4. 排序法的优缺点

（1）优点。

快速简单，容易操作，省时省事，能够获得更多人的认可，对于职务层次较少的企业一般比较适合。

（2）缺点。

评价者的主观思想可能会影响评价结果。不容易找到熟悉全部工作的人员。由于很多企业工作种类较多，排序法带来的工作量很大。

排序法虽然不很精确，但是较易使用，因此可以根据企业实际情况来进行操作。

技能点 5
分类法职位评价

分类法，也称分级法，是指事先建立一连串等级，根据工作等级类别来比较工作，把职位确定到各等级中去，直至将其安排到最合理的地方。

分类法不同于排序法，按照这种方法进行职位评价时，职位等级标准是预先确定并建立的，然后参考工作的内容对其进行分级。分类法类似于建造好一个书架（确定合适的职位等级），然后对书架上的每一层标注一个书签（等级定义），最后再把各类书籍（职位）按照相应的定义放入合适的位置。

等级定义准确，评价和分类就相对容易；等级定义模糊，就会影响评价和分类的准确性。

1. 分类法的步骤

（1）确定合适的职位等级数量。

无论是同一性质工作还是包括不同性质工作在内的组织整体，都要确定职位等级数目。职位等级数目取决于工作的性质、组织规模大小、职能的不同和工资政策。

（2）编写每一职位等级的定义。

职位等级定义就是给建立起来的工作等级做出分类说明，它是在选定重要因素的基础上进行的。同时这里的职位等级定义通常是对职位内涵的一种较为宽泛的描述，主要用来指明职位所承担的责任性质、职责范围等，即职位内容概要、所承担的责任、所需具备的知识水平和技能等。职位等级定义是分类法中最重要的一步，必须使相邻两个等级之间的技术水平和责任大小显而易见。

（3）评价和分类。

评价人依照对职位的分类说明，以及对职位的相对难度、职责和必备的经验及知识的理解，来决定每项工作应列入的等级。

2. 分类法的优缺点

（1）优点。

操作方法简单明了，容易操作，执行速度快，不需要特定技术要求。

（2）缺点。

不容易清楚地定义等级，很难说明不同等级的职位之间的价值差距。

综上所述，对一个规模较小、工作不太复杂或种类不多的组织而言，适宜采用分类法进行职位评价。

技能点6
计点法职位评价

计点法是一种比较复杂的量化职位评价技术，直到今天仍是最常用的一种职位评价方法。计点法，也称评分法。首先确定影响所有岗位的共有因素，并将这些因素分级、定义和配点，以建立起评价标准，其次依据这些标准对所有岗位进行评价，最后将岗位评价点数转换为货币数量，即岗位工资率或工资标准。

用最高点除以因素的级数，即得最低点数，最低点数是一级点数，也是各级间的点数差，然后用级数乘以点数差即得各级点数。为了达到支付工资的目的，还要将各项工作的点数转化为报酬。

计点法包含三大因素：一是报酬要素，二是反映每个报酬因素相对重要程度的权重，三是数量化的报酬因素衡量尺度。

1. 计点法的步骤

（1）选择评价因素。

选择一组影响各种岗位的因素，即划分岗位等级所使用的标准，这些标准的选定视行业、企业实际情况而定。在实际操作中最常见的评价因素是责任、技能以及工作条件等。

（2）确定各影响因素的定义，要求简单明了。

(3) 确定各影响因素的等级。

每一种评价因素的等级数量取决于组织内部所有被评价职位在该因素上的差异程度。按照实际需要可以细分为 4～6 级。等级划分后还需要对每一细分等级下定义。

(4) 确定各影响因素的总点数。

首先应确定各影响因素的点数之和，可以是 500 点，也可以是 1000 点。然后确定各因素的配点，即评价因素的百分比与点数，一般是利用管理人员的经验或是共识来确定。

(5) 确定各因素等级的配点。

(6) 划分工作等级。

确定职位等级数目，依据总点数与职位等级数目确定点数差。点数越多者等级越高。

(7) 收集各项工作的内容，进行职位分析，并填写职位说明书。

(8) 将所有被评价职位根据点数的高低来排列，建立职位等级结构。

2. 计点法的优缺点

(1) 优点。

① 与非量化的职位评价方法比较，评价更为精确。

② 允许对职位之间的差异进行微调。

③ 可以运用可比性的点数对不相似的职位进行比较。

(2) 缺点。

① 耗费的人力、物力和财力较多，耗时较长。

② 在等级界定、权重确定等方面还存在一定程度的主观性。

计点法涉及的因素选择、权重确定因企业而异，但是一定要实事求是。

职位评价是一项非常重要的工作，企业应根据自己的实际情况选取适合自己的职位评价方法（见表3-2）。

表3-2 排序法、分类法、计点法三种职位评价法比较

比较＼方法	排序法	分类法	计点法
客观性	差	差	中等
精确性	低	较低	中高
可信度	低	中等	中高
成本负担	轻	轻	中等
沟通难度	容易	容易	中等
复杂性	简单	较简单	较复杂

技能点 7
薪酬调查

薪酬调查是一项技术性很强的工作,有很多难点,实际操作中应该讲究一定的技巧以促进薪酬调查的顺利进行。在对已有的薪酬数据进行筛选和利用的时候,一定要注意数据与薪酬决策的匹配性。

考虑到调查的时间和费用,不可能对所有的职位都展开调查,只能对其中的典型职位进行调查,然后将调查数据运用到其他非典型职位中去。

1. 薪酬调查的难点

(1) 不同企业之间职位的可比性和标准职位的确立。

(2) 薪酬信息的保密性与数据收集的客观准确性。

(3) 每家企业的薪酬结构不同,同时数据概念和统计口径也并不完全一致。

2. 薪酬调查的操作要点与步骤

(1) 构造本企业的工资体系。

因为做薪酬调查就是拿本企业典型的岗位去跟市场上其他公司同类型岗位进行比较,得到本企业的薪资水平在市场上的相对定位。因此企业需要相对规范的职位、工资系统和单一职位工资等。

一般做薪酬调查不仅仅是调查某个个别岗位，而是要通过调查找出企业所有岗位在市场上的定位，最终形成一条曲线。

(2) 了解、明确合理的目标竞争市场。

企业人力资源的竞争市场实际上有两个：一个是行业市场，另一个则是地区市场。

对竞争市场调查的原则是包括以下几个。

① 人才流动趋向。

② 企业的可比性：体现在规模、体制、竞争等三个方面。

③ 参与企业的数目：10家以上，30家以下，少于5个样本无统计学意义。

④ 组织市场调查：可通过人力资源顾问中介或行业协会达成。如果样本规模太小，也可独家发起，在信用的基础上直接交换数据。

3. 确定薪酬调查的项目和方法

(1) 标准过程。

启动会议→问卷设计→职位评定校准→数据填报→数据汇总统计→分析报告会议介绍→分析报告应用。

① 启动会议。确定设计什么样的薪资报告，用什么格式、什么标准，确定哪些标准职位。

② 设计问卷。

③ 职位评定校准。设计问卷之后顾问公司会到每一家企业校准职位，解决不同企业对同一个职位的标准不同或实际职责不同的问题。顾问公司通常有一个校准办法，即给出标准的定义，包括职责范围、资历、人数、报酬、工作经验、学历要求等各种定义。

④ 数据填报、数据汇总、报告会。顾问公司出一个统计分析报告，每家企业都会拿到自己的一份报告。

这个过程的重点是：

标准职位的确定（规模、职责、资历、业绩）。这是各企业共同的、代表性的、承上启下的职位；

原始数据统计口径的校对（预计与实际收入、平均与实际收入、填报样本数量）。

(2) 问卷调查的内容。

① 总体薪资。包括工资和福利，各种各样的奖金、津贴等。

② 工资调整的时间和幅度。

③ 福利项目的标准和内容。

④ 公司的概况。包括公司规模、人员流动率，以及成立时间、办公地点等方面。

(3) 调查办法。

通过中介收集，不分享个别信息，公布统计结果和本企业所处的相对位置。

薪酬调查是一项艰苦的工作，关键是要取得真实数据，因此在调查过程中必须认真负责，否则推导出的结论不仅无法使用，还会误导企业，影响企业的发展。

生产部门最基层的一个职位是操作工人，上面有一些技术工人、班组长、生产部门经理，再上面可能还有生产部长或生产总监，这是一个典型的生产部门职位级别。可能做薪资调查的是技术工人和班组长这两个职位，那么其他职位怎么办呢？这就需要想办法推导出来。

在一个好的工资结构和工资体系里，一个级别的职位评估本身就有一定的价值分数，据此可以推导出其他不同级别的职位的薪资。如班组长的价值分数如果转化为工资的话，在企业的工资结构里是2000元，与一个生产工人之间的差别可能是30%或50%，这样一来就可以推导出生产工人的工资标准。这里的前提是要有一个规范化的工资结构，作为标准，本身就是一个比例。这就是工资结构能够提供的一个信息。

技能点 8
制作薪酬调查报告

> 薪酬调查结束后得到的薪酬报告质量,将决定整个薪酬调查的效果。那么,薪酬调查报告的内容有哪些?怎么把它变成日常薪酬管理中的一个有用工具呢?

薪酬调查报告必须科学规范,才能从中得出符合企业未来发展的思路。薪酬调查报告的一般内容和结构通常分为六个部分:调查发现总结、本企业市场位置、职位的统计数据、工资福利政策、公司背景介绍、调查统计方法介绍。

1. 调查发现总结

调查报告的总结部分主要描述市场趋势,包括不同级别的中点工资和调薪幅度。

(1) 中点工资就是中间点的工资。

例如调查 20 家企业的生产经理的职位可能有 30 个样本数据(有一些企业可能有两个或几个生产部门经理)。原始数据会从高到低排序,一般来讲,有五个位置是比较典型的,最有参考价值,包括前 10% 点、前 25% 点、中点、前 75% 点、前 90% 点。像 10% 以下的或 90% 以上的数据因处于极端位置,属于特殊情况,一般都不会考虑。

对调查数据要做回归分析处理,回归的过程可以做一次线性回归,就是在这些点中间画一条直线,让尽可能多的点分布在线的两边,这就叫作一次线性回归。回归之后再来看前 10% 点、前 25% 点、中点、前 75% 点、前 90% 点,那就是很平缓的一条曲线。从而看出各个级别的职位中点的大概位置。

(2) 调薪幅度。

一般企业每年都会有一个薪资调整,或多或少。企业情况不同,调薪幅度也不同。

(3) 各种统计比较。

比较内容包括:职能部门、年份、地区、企业性质、各职能部门的市场行情及总体概况、同一级别在不同职能部门之间的工资差别。

① 不同年份的比较。因为做薪酬调查报告的年份越长,报告的准确性越高。如果偶尔只做一年,所得到的数据就很难令人信服,因为有各种各样的误差和偶然因素在起作用,结果可能不科学。做历史曲线,然后趋势外延,分析今年的情况相对来讲就比较科学,从中能够看出市场发展的趋势。

② 地区之间的比较。通常把一个行业放在全国范围内进行比较,或在几个大的地区内部作比较,像华南地区,可能以广州为主,华东地区以上海为主。这几个地区在同一个行业或同一个职位之间进行比较,通常会有 5%～10% 的地区差异。

③ 企业性质之间的比较。不同经营体制的企业,对同样一个职位所付的薪资不一样。例如外资企业中合资公司与独资公司不一样,民营和股份制企业又有区别,这些区别的比例是多少,通常在总结报告中都会给一个直观的介绍。

2. 本企业市场位置

企业的市场位置表明企业在市场上、在同行业里大概处于什么样的位置。

如果从总体薪资的概念来看，员工的工资结构有四个层次：年度基本工资、年度固定现金收入、年度总工资、年度总体薪资。

（1）年度基本工资。

就是固定的工资收入，与岗位工资、绩效工资不一样，是每个月肯定都能拿到的固定数额。

（2）年度固定现金收入。

与年度基本工资相比，区别主要体现在：假如每个月公司发给你的基本工资是1500元，一年发18000元。除此之外，可能公司每个月还发给你300元的房租补助，这笔钱也是你肯定可以得到的，这就成了你的固定现金收入的一部分。基本工资再加上这些固定收入，就是年度固定现金收入。

（3）年度总工资。

年度总工资是由年度固定现金收入加上浮动收入（如奖金）所组成。

（4）年度总体薪资。

年度总体薪资是在年度总工资的基础上，再加上公司发给的福利费用。例如养老保险、交通补贴、俱乐部会员资格、医疗保险等各种福利的费用，虽然不是你直接拿到手的现金，但这些也是公司为你支出的部分。

3. 职位的统计数据

（1）标准职位说明。

调查报告的每一个标准职位都有职位说明，一般包括职责、学历、资历、经验等方面。

（2）典型的职位薪资明细项目。

包括月基本工资、发放月数、固定的现金补贴、车补、销售佣金、浮动工资（奖金）、年终奖金、股票收益、各项福利收益费用金额（工作餐、交通、社会统筹保险、住房公积金、补充医疗保险）、福利房、人寿险、俱乐部会员资格等项目。

在具体的数据上，例如生产工人这个职位有很多样本数据，可能有50多个，或者是100多个。那么这些样本数据中的前10%点是怎样的，前25%点又是怎样的，详细地列在上面。如果要具体看一个职位的信息，可以很方便地查到。

4. 工资福利政策

（1）工资管理政策。

包括工资调整方法、时间、百分比，以及加班工资、浮动工资、各种津贴的制定、标准和管理等。例如一般工资调整的方法，是调基本工资还是调总体工资，加班工资是怎么计算的，各种补贴是怎么发放的，津贴的标准怎么样等。

（2）福利管理政策。

包括有薪假期、医疗、保险、住房、养老、失业、员工股票期权、员工培训与教育资助政策等。在这方面可以列明参加本次调查的企业在哪些方面给员工提供福利，每一项福利有没有补充（例如医疗保险有没有补充医疗保险），补充的标准大概是多少，多少企业有，多少企业没有。

5. 公司背景介绍

主要包括参与公司的数目、规模、地区、行业、体制、分布等。

6. 调查统计方法介绍

主要包括职位校对、数据收集、数据处理三种方法。让你了解这些数据是怎么得来的，从而放心地加以利用。

总之，薪酬报告对企业分析制定薪酬政策起到非常重要的作用。从薪酬报告中可以清楚了解市场状况，明晰竞争对手情况。薪酬报告包含内容较多，在整理时一定要注意数据的真实性，这样才能得出正确合理的结论。

技能点 9
分析处理薪酬调查结果

企业得到薪酬调查报告后,应该如何分析处理呢?

1. 从薪资调查报告中认清本企业的薪资竞争力状况

(1) 参照报告中的预测。

一般好的报告都会预测参加调查的企业平均工资涨幅。怎么来看待这个数据呢?应该结合观察以前预测的准确性进行判断,这需要有一些经验。

(2) 参考报告中的推荐指标。

特别是一些国民经济的参考指标,如 GDP 增长值、通货膨胀率、失业率等。对企业来讲,通货膨胀率尤其具有参考意义。

(3) 福利项目和标准的比较与借鉴。

例如有些企业已经开始实行补充养老保险或补充医疗保险,如果本企业没有实行,就要看这是不是一个需要改善和提高的方面。

2. 根据薪资调查报告调整薪资福利水平

应根据本企业的市场竞争力状况和业务经营战略调整薪资福利水平。

你可以把报告结果与企业的经营策略和业务重点联系起来，例如今年的经营效益不错，而且明年还会有一个比较大的发展，那么工资的涨幅就可以高一点，让企业的薪资更有吸引力，以便招聘到更多的人才。这就把薪酬调查的结果直接运用到人力资源开发上来了，完全属于量化的、技术的操作。

在制定薪酬策略时有一些关键的因素需要平衡。如果你是薪资经理或人力资源经理，要向总经理提交一个调薪报告方案，必须有充分的理由。这些重要因素是：

① 公司传统上或历来的市场定位大概是怎样的；

② 企业今年的经营状况怎样、盈利如何，按现在的趋势和预计来看，明年的经营状况大概会怎样。

从成本、效益、发展战略和下一年的工作重点，你可以做出自己的分析和判断。这也是报告需要考虑的。

薪酬管理工作应该围绕企业的经营管理来展开，以绩效和市场为导向，在此基础上企业的薪酬决策和调薪方案才能符合企业实际，被员工们认可和接受。

第四章
工资制度与工资形式

在计划经济为主的时代,我国企业的工资制度只有一种形式,就是套用职位的等级工资,只要被定了某一级别,就只能拿固定的工资。采用这种工资制度,员工的主观能动性和工作积极性受到极大限制。

在市场环境中成长起来的企业,为了能够使工资体现公司价值导向,采取了多种多样的工资制度。但是这些工资制度能否确实促进公司战略目标的实现,需要进行深入探讨。

技能点 1
设计以绩效为导向的工资制度

绩效是员工通过努力所达成的对企业有价值的结果,以及他们在工作过程中所表现出来的符合企业文化和价值观,同时有利于企业战略目标实现的行为。通过对企业的研究我们发现:如果工资基于个人的绩效,低绩效者的离职率就高;如果个人的绩效不与工资挂钩,则高绩效者的离职率就高。

以绩效为导向的工资制度强调员工的工资调整取决于员工个人、部门及公司的绩效,以成果和贡献作为评价标准。

绩效的主要特征为:

注重对个人绩效差异的评定;

个人的工资增长与个人的绩效直接挂钩;

强调以目标达成为主要评价依据,注重结果。

1. 绩效与工资评定结合的步骤

(1) 制定目标。

依据公司发展战略和经营计划,制定绩效目标。

(2) 辅导。

在实现绩效目标过程中,管理者要承担起指导、教育、培训下属的责任。

(3) 评价。

以绩效目标为基准,通过全面收集数据和了解情况,对员工的绩效做出准确客观的评价。

(4) 奖惩。

依据评价结果给予员工合理回报,激励员工创造更大价值和更高绩效。

假定有两个员工,年终评价都为 A,员工甲的工资定在 M_1 级,高于员工乙的工资等级 M_2 级。在进行绩效加薪时,员工乙的加薪幅度大于员工甲的加薪幅度。因为甲的工资高于乙,原本就应该取得比乙高的绩效,但是在二人绩效评价相等的情况下,说明乙付出的努力更大,理应给予乙更多的加薪,以减少二者可能产生的不公平感。

绩效调薪的思路就是充分激励员工做出更大业绩,如果给予进步快的员工较多激励,就会使得员工以更快的速度发展,同时鞭策其他员工不断进步,否则工资差距会逐步加大。

2. 以绩效为导向的工资制度的优缺点

(1) 优点。

① 以事实为出发点,评价尺度比较客观。

② 强化绩效管理,使员工注重个人贡献。

(2) 缺点。

① 员工可能更多地关注眼前利益。

② 员工更关注个人绩效,忽略团队以及与其他部门的配合。

③ 员工之间的竞争会加剧,产生不必要的矛盾。

以绩效为导向的工资制度,很有可能会因为绩效评价的不公正使员工丧失对企业的信心,影响人心稳定。

不过总的来说,绩效考核能够促使员工积极性大幅度提高,而且较好地实现公司战略目标,是一种常用的工资设计制度。

某公司员工甲因为个人的薪酬问题主动与经理乙进行沟通。

员工甲说:经理,我想找你了解一下薪酬政策。

经理乙说:你有什么问题?

员工甲说:我发现我们公司在薪酬管理方面很不公平,我有意见。

经理乙说:没关系,你说吧。

员工甲说:为什么大家考评结果都一样,而报酬却不一样呢?

经理乙说:具体说说。

员工甲说:我和小王年终考评都是86分,但是他得到的奖励却比我多500元。

经理乙说:你们的工资等级一样吗?

员工甲说:我比他高两个级别。

经理乙说:噢……

员工甲认为绩效考评得分一样薪酬也应该一样,说明他没有真正理解绩效导向的内涵,实际上绩效考评不仅要看最终得分,而且还要和个人的薪酬等级结合起来一起考虑。

经理乙应提前做好绩效考评的解释工作,使员工达成共识,防止出现理解偏差。经理乙应从这件事情上吸取经验教训。

技能点 2
设计以能力为导向的工资制度

员工能力一定要是能对企业产生效益的行为能力。由于市场竞争的加剧,企业要不断调整竞争战略,因此要求员工的综合素质也能跟随市场竞争变化而快速提高。

企业通过设立以能力为导向的工资制度,是为了达到以下目的:
适应公司发展的需要;
强化员工的贡献能力和自我学习能力;
为增强管理的灵活性和市场适应能力打下坚实的基础;
为公司发展选拔优秀人才。

1. 能力导向工资制度的设计
(1) 职位等级评定。
这是员工工资调整的基础,必须予以明确。
(2) 能力指标制定。
根据公司对员工的要求将能力划分为若干部分,同时根据每部分的综合表现将能力评价为不及格、及格、中等、良好、优秀。
(3) 员工培训。

① 被评价人能够正确理解任职能力标准的内容和要求。

② 被评价人了解认知能力水平评价的方法。

(4) 自检与证据整理。

① 对照职业化标准，被评价人进行自我评价，填写自检表并整理有关资料。

② 自检表要根据不同类别的标准内容分别设计编制。

③ 知识考试。

(5) 评价。

① 由任职能力管理人员组成评价小组实施对被评价人的评价。

② 评价是根据任职能力标准的要求及被评价人所提供的资料，对被评价人的能力进行评价。

(6) 结果反馈。

① 人力资源部门对能力评价归档记录，供晋升、薪酬发放等人力资源管理工作参考之用。

② 体现能力考评的效果，予以奖惩。例如某岗位职位等级分为 10 级，能力测评分为不及格、及格、中等、良好、优秀，那么某员工原本处在等级中第 4 级的 S1 段，如果个人年终评定结果为优，则可以通过三种手段进行调节。

• 将其工资增加一定比例，但是没有达到上一级的工资上限。这种调整的标准很难界定，因为增长多少工资没有明确的规定，比较随意。

• 将工资调整到上一级工资 S2 段。这是企业经常采用的方法。

• 将工资调整到上一等级第 5 级。由于工资具有刚性，这种调整比较猛烈，如果员工表现不好马上下调，会使得员工心理震荡过于剧烈，没有一定的稳定感。

2. 能力导向工资制度的优缺点

（1）优点。

① 促使员工提升个人能力。

② 增强企业内部的学习气氛。

③ 企业更加灵活。

（2）缺点。

① 能力测评难度较大，实施困难。

② 员工可能只注重眼前利益而忽视长远利益。

③ 员工缺乏工作目标的压力，工作效率相应会下降。

综上所述，能否有效实施以能力为导向的工资制度，关键在于企业能否形成一套员工能力的客观评价标准。如果能够形成，那么能力评价将会发挥更大的促进作用。

车间主任老李遇到一个问题，磨具小组的小王在最近的能力考评中多次得优。根据企业制定的关于能力考评的工资制度，小王的工资比他早入厂5年的师傅都要高。现在磨具小组的其他人闹起了意见，大家私下里说下次考评都给小王打低分。老李现在很为难，于是去找分管生产的林副厂长诉苦：

"小王现在工资涨得太快了，同组的人都不乐意了！"

"为什么涨这么快呢？"

"主要是因为我们厂的工资制度。"

"为什么这么说呢？"

"我们的工资按照能力测评，连续两次评优就涨一级。小王从入厂到现在整3年，每半年一次评比都是优秀，原来是12级工，现在已经跳到9级工了。他们组的人很有意见，准备下次测评给他打低分。"

林副厂长思考了半天,想出了4个方案让老李参考。

方案一:安抚职工,召开会议讨论这个问题。

方案二:将磨具组的工资等级的工资差距定低一些。

方案三:取消能力评优升级的制度,能力评优的个人只是在原有工资基础上进行微调。

方案四:每一等级设立两个工资区间,每两次评优调一次,这样每2年才调一级。

其实,这个案例涉及的是以能力为导向的工资调整应如何处理的问题。方案四更加合适一些,因为既没有改变能力导向的出发点,而且能在一定程度上降低工资调整过快带来的不利影响,如员工之间可能产生矛盾等。

技能点 3
确定员工工资标准

如何设置员工的工资标准，体现了一家企业的经营战略思想，同时如果工资标准设置合理的话，也会极大地激发员工士气，促成员工个人目标和组织目标的统一。为了体现公平，我们应对不同的工种实行不同的工资激励，这样的制度才能真正有效地调动员工的积极性。

那么如何制定员工的工资标准呢？

1. 以企业的体制和经营效益为基础

（1）不同的企业体制有不同的战略定位。

具体反映在以下几个方面。

① 员工在业务经营中的作用和地位。

② 员工队伍的配置要求和配置任用制度。

③ 员工队伍的来源。

④ 企业在人力资源上的成本投入。

（2）业务要求和员工任用办法直接决定员工工资标准。

不同技能水平的人，为企业带来的生产效率不一样，从而决定不同的工资标准。以洗衣粉业为例，如果洗衣粉包装是手工包装，小学或初中毕业文化程度的人就能够做这份工作，但是自动化包装就要求至少是技校毕业的人才可以做。生产效率不一样，工资标准当然不一样。

（3）经营效益和员工数量结构是决定员工工资标准的前提条件。

技术必然跟体制紧密联系在一起。一般企业经营有两个互为矛盾的指导思想，一是安排尽可能多的人就业，二是尽可能创造好的效益。在计划经济体制下，可能前者用得多一些，但是在现代市场竞争的体制下，后者就会更多，所以不同的体制会使工资标准不一样。

2. 以企业工资水平的市场竞争力为导向

（1）现代企业的员工工资标准由市场工资水平直接决定。

如果企业在员工任用方面没有必需的选择权，工资没有吸引力，员工的积极性没有被激发，企业的业务能力就没有保障，效益也无从保障。这一切的关键在于企业制定具有市场竞争力的工资标准，只有这样才能保证吸收并留住优秀员工。

（2）两个重要的技术环节。

在参照市场水平决定员工工资标准时，竞争市场的界定和比照职位的认定是两个重要的技术环节：

① 竞争市场以人才流动的市场为对象。

② 比照职位以同等资历、同等职责范围为条件。

职位工资标准的制定，一般的做法是进行市场调查，然后再决定企业的工资标准，这是最直接的一种做法。另一种做法并不一定要做得那么规范，就是通过市场调查的数据来做。有时企业要设置新职位，需要请有专业基础、有能力的人来做，这就必须给这些人提供一个有吸引力的工资水平，而他们目前的工资水平基本上就是市场水平，提供至少等于或者高于这个水平的工资才可能吸引到人才。这是一个非常直接的选择。

有些企业经营效益不好，人才流失严重，从人力资源管理的角度来讲，就是它的薪资失去吸引力，是没有建立一个市场导向的薪资体系而造成的后果。

3. 明确企业人力资源战略

（1）制定人力资源的薪酬战略。

薪资水平如何？竞争对手是谁？相应的工资标准定位在这些公司的上等、中等还是下等位置？这些都是制定薪资战略时必须思考的。

（2）具体职位的工资标准。

明确以上问题后，就可以通过目标市场目标职位的薪资调查来得到具体职位的工资标准。

（3）定期进行薪资调查。

市场环境下的企业竞争是不断发展变化的，因此薪资调查要定期进行，以保证企业工资的持续竞争力。

企业的工资水平和每个职位具体工资标准的制定是一项很重要的工作，管理者应该加大力度，真正解决好这个问题，为实现员工和企业的共同发展打下牢固的基础。

不同行业，相互之间的工资差别会比较大，例如软件和制造业。

北京的软件行业员工的工资普遍都比较高，月薪20000元或者50000元都是很普遍的。但是制造业工种，例如生产线上的技术工人，月薪8000元就已经很高了。为什么会有这么大的区别呢？

这就需要对行业进行成本结构分析（假如以洗衣粉制造业和软件业为例）：

一般一小袋洗衣粉的价钱大约5元，约10%的利润，成本占价格的90%左右。成本因素主要包括原料（香精、漂白粉及各种洗涤成分）和劳动力成本（工资），此外还有运输和分销成本。其中，劳动力的成本即工资大概占20%，而洗衣粉的价钱本来就不算很高，洗衣粉制造业的工资标准基本上在它成本结构的20%的范围内。

再来看软件开发产业。它最大的成本是智力，是开发所占的时间，所以工资至少要占到50%或60%；其他的日常管理维护费用可能占10%～20%；利润有20%～30%。软件产品的价格也不低，所以工资水平就相应地很高。

成本结构中智力所占的份额越大，工资标准就越高，这是一个很简单的道理。业务性质由行业的成本结构所决定，不管什么体制的企业都有一个共同的行业基础，这是第一位的。

技能点 4
岗位工资设计

岗位工资是指根据员工所在岗位或所任职位、所任职位的工作强度、管理职责的大小和工作条件，兼顾工作技能高低而确定的工资。

随着生产社会化程度的不断提高，劳动分工也相应地趋于复杂化。劳动岗位成为生产过程的基本单元，不同岗位的劳动者付出的劳动差别很大，岗位工资系统也因此在薪酬设计中占有很重要的位置。

确定岗位工资的前提是进行岗位分析，运用岗位评价法对岗位劳动复杂程度、岗位劳动强度、岗位劳动责任和岗位劳动环境等各个方面进行测评。根据岗位分析的结果进行层级关系和薪酬系数的设计。

岗位工资的主要特点是对岗不对人，主要有岗位效益、岗位等级、岗位薪点等三种工资制。不论哪种工资制，只要称为岗位工资制，岗位工资的比重应该占到整个工资收入的 60% 以上。

1. 实行岗位工资制的一般做法

（1）岗位分析。

（2）按照各岗位系数从低到高排列，把系数相近者进行归并，由低到高可分为一类岗、二类岗、三类岗等。

（3）根据岗位状况来确定最高岗位。

（4）岗位系数是工资差别的依据，最低系数和最高系数的差距就是工资倍数的依据。

（5）岗位工资就是该岗位的层级系数与岗位工资基数的乘积。

2. 岗位等级工资制

岗位等级工资制是指将岗位按照重要程度划类归级，进行排序以确定工资等级的制度。

岗位等级工资制有两种形式：一岗一薪制和一岗多薪制。

（1）一岗一薪制。

一岗一薪制是指一个岗位只有一个工资标准，凡在同一岗位上工作的员工都执行同一工资标准，它反映的只是不同岗位之间的工资差别，不反映岗位内部的劳动差别和工资差别。一岗一薪制，岗内不升级，新工人上岗采取"试用期"或"熟练期"办法，期满经考核合格即可执行岗位工资标准。一岗一薪制适用于专业化、自动化程度较高的工种。

（2）一岗多薪制。

一岗多薪制是指在一个岗位内设置多个工资标准，以反映岗位内部不同职工之间的劳动差别。实行一岗多薪制主要是因为企业内部岗位较多时，一个岗位难以设置一个岗位工资标准。

一岗多薪制的主要形式有以下几种：

①同一级别内又划分档次。

适用于岗位划分较粗糙，同时岗位内部技术有差别的岗位和工种。

②拉长熟练期。

第一年试用期拿50%的岗位工资，第二年熟练期拿70%的岗位工资，第三年熟练期拿80%的岗位工资，第四年熟练期拿90%的岗位工资，第五年考核合格拿100%的岗位工资。这样可解决因员工工作年限不同、工作经验不一样而形成的在同一个岗位工作、劳动有差别的问题，使工资报酬与劳动付出更加吻合。

通常来讲，岗位工资是相对稳定的，这种稳定会维持 2～3 年的时间。维持岗位工资的稳定有助于企业薪酬总额的控制和日常薪酬管理，岗位工资的相对稳定可避免因基础数据变化而带来的复杂计算工作。

岗位工资是员工薪酬构成中最基本也是最重要的单元，同时也是确定其他工资的基础。一般来讲，绩效工资、加班工资等都是以岗位工资为基础进行计算的，例如加班工资的计算。

某员工加班两小时，如何计算加班工资？

加班工资是根据岗位工资推算的：

日工资＝岗位工资/每月上班的实际时间（21.5 天）

时薪＝日工资/每日上班工时（8 小时）

加班工资＝加班时间×加班系数×时薪

对于企业里的生产辅助人员或勤务人员如门卫、厨师、勤杂工等，一般是实行工种等级工资制，单独设立工资标准表，工资按低于生产操作人员、略高于社会同类人员的水平来确定。

对于特殊的技术、管理人才，也应单独设立岗位工资标准，其起点工资可以由副厂级岗位工资开始向上延伸，最高岗位工资系数可以高于总厂正职数倍。

技能点 5
计件制工资设计

绩效管理的方法很多，绩效工资的计算方法也很多，计件绩效制就是其中之一。

计件制工资是针对公司操作类员工制定的，由于操作类员工的工作成果可以直接体现出来，又易于计量，所以根据工作量来确定员工的工资。计件制工资是把劳动者生产的产品量与收入直接挂钩的工资形式。计件制工资简单易行，容易操作，且激励明显，有利于提高产量。

1. 实行计件制工资的条件

采用计件制，需要有一个基础前提，就是对每件产品的劳动生产率进行事先测算。测算的精确程度对劳动生产率的确定非常重要，测算不准确对员工和企业都是很不公平的，所以一定要掌握产品的标准生产时间。

（1）工作物等级。

即根据工作要求的技术复杂程度，确定从事该项工作的员工应该达到的等级。

（2）劳动定额。

在一定生产条件下，员工应该完成的合格产品的数量或完成既定数量产品所需要的劳动时间。

（3）计件单价。

以工作物等级和劳动定额为基础计算出来的单位产品的工资。

2. 计件制工资的工资结构

月工资＝岗位工资×工时完成率×品质系数＋技能工资＋岗位津贴

（1）岗位工资。

（2）技能工资。

员工按照岗位等级考核所获得的技能等级收入，是对员工在岗位上表现出来的特殊技能的认可。

（3）岗位津贴。

对特殊岗位和基层管理者责任给予的津贴，体现对特殊工种或者特殊的工作环境的经济补偿。

（4）工时完成率。

工时完成率是指员工实际完成的工作量和该规定工作量的比值，用于考核员工的劳动生产效率，并作为员工取得标准岗位工资的依据。

（5）品质系数。

品质系数是以一定的产品质量或操作标准作为衡量尺度，其基准值为1。

3. 计件制工资的优缺点

计件制工资短期内能够提高效益，但是应当慎重使用这种方法。

（1）优点。

① 鼓励员工大幅度提高并发挥自己的潜能。

② 有助于生产技术的进步。员工为了生产更多、更好的产品，在经

济利益的驱动下会进行生产技术的不断改良。

③ 便于进行目标管理，减少管理成本。

（2）缺点。

① 易导致或加深企业领导者与员工之间的摩擦。

② 员工为获得较多收入过度工作，有可能损害身心健康。

③ 员工对企业的向心力可能较差。

计件工资虽然是刺激性很强的工资，但它毕竟只是工资形式演变过程中的初级形式，随着科学技术水平和管理水平的迅速提高，应用会越来越少。

计件制工资形式还包括梅里克多计件绩效制和泰勒差别计件绩效制。

梅里克多计件绩效制的做法是根据员工的工作绩效，将员工分成三个等级，随着等级的变化，绩效工资一级递增10%，中等员工得到合理的报酬，优秀员工得到额外的报酬，未完成任务的员工得到低于标准的报酬。

泰勒差别计件绩效制的基础要求是制定员工的标准生产产量，然后根据员工完成标准的情况有差别地给予计件工资。

某生产企业，员工每生产一件产品可获得2元的报酬。A员工当月生产了200件产品，合格率为95%；B员工当月生产了260件产品，合格率为90%。A、B两个员工当月谁的报酬高？

A员工报酬：$2 \times 200 \times 95\% = 380$ 元

B员工报酬：$2 \times 260 \times 90\% = 468$ 元

结论：B员工当月报酬高。

技能点6
计时制工资设计

> 计时工资是指根据工作持续时间的长短来确定员工薪酬的计酬制度,作为计酬时间的单位可以是年、月、周、日以及小时。
>
> 计时制工资相对计件制工资是更为普遍的一种工资制度,因为它不仅可以针对一线员工,也可针对大多数的管理人员。

1. 计时制工资的结构

(1)薪酬率。

在单位时间内给予员工的报酬。薪酬率的高低取决于多种因素,关键是企业、员工的实际情况以及管理者的管理理念等。例如,由于管理理念的差异性,有些企业强调为了培养员工忠诚度,确保有更多经验丰富的员工留在企业,员工在企业的服务年限是薪酬率高低的重要决定因素。

(2)工作时间。

工作时间是指员工的工作时间长度。我国《劳动法》规定,劳动者的每日工作时间不超过8小时,平均每周工作时间不超过44小时。

(3)员工薪酬。

员工薪酬是员工工作时间乘以小时薪酬率。

2. 计时制工资的分类

在实际操作中,计时制又有两种具体的形式:

(1) 单一计时制。

无论时间长短,均使用同一的薪酬率来计算员工的报酬。

(2) 差别计时制。

因工作时间的长短导致薪酬率发生变化,一般当员工工作时间超出某一标准时间时选用较高的薪酬率,在这一标准时间内选用较低的薪酬率。

3. 计时制工资的优缺点

(1) 优点。

① 具有广泛的适应性。每家企业及企业中的每名员工,都可以采用这种方法。

② 薪酬计算的成本较低。计时制的计算简单、便捷,容易被大家理解和接受,可以在一定程度上避免纷争。

③ 可以在员工的薪酬中综合考虑多种因素。如员工的服务年限、以往成绩、发展潜力等,这些在计件工资制中就很难得以体现。

(2) 缺点。

① 不利于充分发挥员工的潜力。

② 不利于进行目标控制。

③ 不利于员工的主观能动性和工作积极性的充分发挥。

相对于计件制对劳动量的要求,计时制不容易反映出员工的工作量。

考虑到计时工资制的缺点,在采取计时工资制时,需以其他薪酬计量方式作补充。

4. 计时制工资的形式

计时制工资存在几种变化的形式。

(1) 标准工时制。

标准工时制以节省工作时间的多少来计算应得的工资。

例如某员工每小时工资 10 元,他完成标准工时 10 个小时的工作,只花了 6 个小时,那么他就节省了 40% 的时间,折合为工资率就为 1.4,他的工资就是 $1.4 \times 10 \times 6 = 84$ 元。

(2) 哈尔西 50-50 奖金制。

哈尔西 50-50 奖金制的特点是员工和企业按照 50-50 的比例分享成本节约,若员工在低于标准时间内完成工作,可以获得的奖金是节约工时的工资的一半。

技能点 7
佣金制工资设计

佣金制，也叫提成制，一般适用于营销人员的收入计算，是直接按照销售额的一定比例来确定营销人员的报酬。它是根据业绩确定报酬的一种典型形式。在这种制度下，营销人员的薪酬由销售收入中提取一定比例的收益组成。

1. 决定营销人员薪酬量的两个变量

（1）营销人员在一定时期的销售量。

这个销售量有时是销售产出量，有时是销售收入量，有时是实现利润量。

（2）营销人员可得的提成比例。

提成比例需要考虑的因素很多，主要有以下几个：

① 一定的销售收入中的利润额。

② 企业收入主要靠营销人员的力量还是广告宣传等方面的因素。

③ 营销人员负责的区域。

④ 市场环境。

⑤ 同行业情况。

2. 佣金制工资的形式

（1）单纯佣金制。

这是一种风险非常高而且挑战性极强的制度，单纯佣金制对营销人员的直接刺激是销售额，因此营销人员的努力核心就是追求高销售额和销售价格。但是如果出于企业生产、质量、供应等各方面的原因而导致营销业绩很差时，营销人员的薪酬就没有保障，这对营销人员是很不公平的。

单纯佣金制的计算过程是这样的：

如果员工某个月销售100件产品，产品单价100元，佣金是5%，那么这个员工的收入就是：100×100×5%=500元。

（2）混合佣金制。

销售人员薪酬由两部分组成：

① 基本薪酬。与营销人员的营销业绩完全没有关系，但是和职位有很大关系。

② 佣金。与营销人员的工作业绩有关。

混合佣金制的计算过程是这样的：

如果某员工底薪是500元，某个月销售100件产品，产品单价100元，佣金是5%，那么这个员工的收入就是：100×100×5%+500=1000元。

（3）超额佣金制。

超额佣金制是要求必须完成一定基础数量的销售额，在这个基础数量之上根据超额部分的佣金比例来计算薪酬的一种制度。还有一些企业规定：在不同的范围执行不同的佣金比例，如销售收入在100万元内佣金比例为5%，在100万元至300万元之间则佣金比例就变成了5.5%。

超额混合佣金制的计算过程是这样的：

如果某员工底薪是500元，最低销售量为50件，某个月销售100件产品，产品单价100元，佣金是5%，那么这个员工的收入就是：(100−50)×100×5%+500=750元。

3. 佣金制工资的优缺点

（1）优点。

① 充分调动营销人员的主观能动性和工作积极性。

② 计算简便，易于理解。

③ 管理和监督成本较低。

④ 营销人员努力以尽可能少的投入获得更多的收入，促使其采取措施降低营销成本。

（2）缺点。

① 营销人员忽视长期市场的培育，只顾眼前利益。

② 员工为获得较多收入，可能采取一些不正当的营销手段。

③ 有时营销人员收入过高容易导致企业内部产生矛盾。

佣金制是一种常用的工资制度，由于它的刺激性较强，在使用时应避免其负面影响。

佣金制还可以进一步发展为以下两种：

① 全程负责佣金制：营销人员负责订单、发货、回款等营销全过程，员工佣金是以实际到账的货款为标准来计算的。

② 半程负责佣金制：营销人员负责营销全过程的部分工作。一般是营销过程前面一些环节的工作，如订单的取得等。员工佣金计算以销售收入为标准。

某公司销售人员底薪为 6000 元，公司规定月销售额在 500 万元以下，佣金比例为销售额的 0.5%，月销售额在 500 万元以上时，超出部分的佣金比例为 0.6%。

销售员甲当月完成销售收入 400 万元，销售员乙完成 600 万元。

甲员工报酬：$4000000 \times 0.5\% + 6000 = 26000$ 元

乙员工报酬：$5000000 \times 0.5\% + 1000000 \times 0.6\% + 6000 = 37000$ 元

技能点 8
年薪制工资设计

年薪制工资以企业会计年度为时间单位，确定经营者的基本报酬，同时根据经营成果再确定其风险收入的一种薪酬制度。因主要用于公司经理等高级管理人员收入的发放，通常称为经营者年薪制工资。

年薪制工资是社会主义市场经济发展到一定阶段的产物，从严格意义上来说，是建立现代企业制度的必然选择和必经途径。近年来，经营者的收入分配由稳定无风险的薪酬制向效益型薪酬制转变，年薪制工资就是其中一种比较好的薪酬分配制度。

1. 年薪制工资的特点

（1）以企业的一个生产经营周期为单位，一般是 1 年。

（2）年薪制工资是一种高风险的薪酬制度，依靠的是约束和激励机制的相互制衡。

（3）年薪制工资将企业经营管理者的业绩与薪酬直接联系起来。

2. 实行年薪制工资的基本条件

（1）建立现代企业制度。

现代企业制度的特点是企业所有权和经营权的分离，以保证经营者有高效独立的经营决策权。

(2) 合理的经营目标的制定。

对经营目标完成情况的考评是发放年薪的基础，因此要实行年薪，首先要明确企业及个人的经营目标。

(3) 长期利益与短期利益的平衡。

经营目标可以是长期的，也可以是短期的，在年薪制的分配形式上也可以是短期的，或者是长期的。如果在分配形式上只考虑短期利益，那么经营者就会只注重眼前既得利益而忽视长远发展，企业就会严重缺乏发展后劲。美国许多公司 CEO 的收入绝大部分来自股票收益，就是为了避免这种情况的发生。

(4) 经营业绩的客观评价。

首先要有一套全面反映企业状况的指标体系；其次要做好信息收集工作，保证收集的数据客观真实；另外必要时还要有社会评估机构的介入，以保证经营者的收入与其业绩公正、客观、有效地联系在一起。

(5) 完善的企业家人才市场。

没有完善的企业家人才市场，难以获得充分的、合适的企业家人才，再好的企业制度和评估体系都发挥不了作用。

3. 实行经营者年薪制工资的范围

(1) 实行年薪制工资的经营者类别。

① 企业法人代表。

② 企业经营决策群体。

③ 仅限于董事长和总经理。

以上是三种分类，目前应用较为广泛的是第二种，也就是说经营者的概念是整个管理团队。

(2) 实行年薪制企业的范围。

① 受《公司法》调控的国有企业。

② 国有企业和国有资产控股的股份企业。

③ 实行现代企业制度的企业。

以上三种分类中的第三种更具有代表性,实际上只要是实行现代企业制度的企业都可以实行年薪制,外资企业使用年薪制更为普遍。

4. 通用的年薪模型

国际上常用的年薪模型由四部分组成:

(1) 基本工资。

这是经营者的基本收入,是保证经营者本人和家人日常生活的基本生活费用。不同国家的经营者在基本工资的设计上有很大差别,美国企业经营者基本工资占整个收入的比例为 40%～80%,日本企业的比例则为 70%～80%。

(2) 奖金。

这是经营者业绩的短期奖励,是不固定的收入。

(3) 长期奖励。

通常以股票期权的形式支付,职业经理人的绩效与之紧密挂钩,从而产生较强的激励作用。

(4) 福利津贴。

主要为经营者提供休假和各种保险福利待遇,经理人员的福利待遇一般都大大高于普通员工。

5. 年薪制的具体模式

(1) 准公务员模式。

① 报酬结构:基本薪酬 + 津贴 + 养老金计划。

② 报酬数量:取决于所管理企业的性质、规模以及高层管理人员的

行政级别。

③ 考核指标：政策目标是否实现，当年任务是否完成。

④ 适用对象：所有达到一定级别的高层管理人员。

⑤ 激励作用：经营者有比较多的职位升迁机会、较高的社会地位和稳定体面的生活方式。

(2) 一揽子模式。

① 报酬结构：单一固定数量年薪。

② 报酬数量：相对较高，和年度经营目标挂钩。

③ 考核指标：十分具体明确，如减亏额、实现利润、资产利润率等。

④ 适用对象：具体针对经营者一个人，即总经理或者是董事长。

⑤ 激励作用：具有招标承包式的激励作用，刺激明显，但是容易产生短期化行为。

(3) 非持股多元化模式。

① 报酬结构：基本薪酬＋津贴＋风险收入（效益收入和奖金）＋养老金计划。

② 报酬数量：相对较高。

③ 考核指标：综合考虑企业的资产规模、销售收入、财务指标、行业平均效益水平等各种因素。

④ 适用对象：国有企业领导者百分之百进行考核，其他企业领导班子成员按照一定系数进行折算。

⑤ 激励作用：如果不存在风险收入封顶的限制，考核指标选择科学准确，更具有激励作用。但是该方案缺少激励经营者长期行为的项目，有可能影响企业的长期发展。

(4) 持股多元化模式。

① 报酬结构：基本薪酬＋津贴＋含股权、股票期权等形式的风险收入＋养老金计划。

② 报酬数量：风险收入取决于经营业绩、企业的市场价值。

③ 考核指标：综合考虑企业的资产规模、销售收入、财务指标、行业平均效益水平等各种因素。

④ 适用对象：国有企业领导者百分之百进行考核，其他企业领导班子成员按照一定系数进行折算。

⑤ 激励作用：从理论上说，是一种很有效的报酬激励方案，多种形式、具有不同激励约束效果的报酬组合，保证了经营者行为的规范化、长期化。但该方案的具体操作较为复杂，对企业具备的条件要求相对苛刻。

(5) 分配权型模式。

① 报酬结构：基本薪酬＋津贴＋以分配权、分配权期权形式体现的风险收入＋养老金计划。

② 报酬数量：风险收入取决于企业利润率之类的经营业绩。

③ 考核指标：综合考虑企业的资产规模、销售收入、财务指标、净资产利润率等方面的因素。

④ 适用对象：国有企业领导者百分之百进行考核，其他企业领导班子成员可通过给予不同数量的分配权或期权来体现。

⑤ 激励作用：把股权、股票期权的激励机理引入到非上市公司或股份制企业中，扩大其适用范围，这是一种理论创新，其效果还有待检验。

采用企业经营者年薪制工资，对于充分调动经营管理者的主观能动性和工作积极性，提高企业经营管理水平，促进企业经济效益的增长具有重要作用。我国在企业实行经营者年薪制工资的时间还不长，正处在探索时期，这就需要我们不断总结经验，统筹规划，使年薪制工资的制度不断成熟，不断完善。

第五章
激励性薪酬设计

　　人才是利润最大的商品,能够经营好人才的企业是最大的赢家。薪酬管理的价值就在于能够帮助企业经营人才。

　　优秀企业的薪酬管理能够激励人,并吸引优秀的人才,从而形成一个强有力的战斗集体。然而,要使薪酬管理发挥最佳的作用,仅有基本的薪酬水平是不够的,更重要的是要有激励性报酬。

技能点 1
使绩效奖励计划发挥应有作用

> 绩效奖励计划是指员工的薪酬随着个人、团队或组织绩效的某些衡量指标的变化而变化的一种薪酬设计。它是把员工、员工群体甚至组织整体的业绩作为奖励支付的基础,因此如果没有公平合理的绩效评价系统,绩效奖励将会成为无源之水。

很多企业愿意采取绩效奖励计划,因为他们认为,这种办法将绩效和薪酬联系在一起,非常有助于提高员工为实现公司战略目标而努力工作的积极性和创造性。

事实上,绩效奖励计划确实在激励员工调整自己行为方面发挥着越来越重要的作用。那么实施绩效奖励计划应该主要着眼于哪些方面呢?

1. 绩效奖励计划只是企业整体薪酬体系中的一个重要组成部分

企业必须意识到:尽管绩效奖励计划非常重要,但是必须与其他薪酬计划密切配合,才能确保绩效奖励计划作用的正常发挥。

2. 绩效奖励计划必须与组织的战略目标及文化和价值观保持一致

成功的绩效奖励计划必须保持与以下三个方面的一致性:
(1) 员工的目标及其组织特性。

(2) 组织的战略规划。

(3) 组织的目标。

3. 要想实施绩效奖励计划，企业必须首先建立起有效的绩效管理体系

如果没有明确的、具体的、可衡量的、富有挑战性的绩效衡量指标，经营目标就会没有方向，绩效奖励就会失去它的核心含义。

4. 绩效奖励计划必须获得有效沟通战略的支持

既然绩效奖励计划要求员工承担一定的风险，那么企业就应该及时为员工提供做出正确决策所需要的信息，同时还要和员工不断进行信息沟通，帮助员工实现目标。

5. 绩效奖励计划要保持一定的灵活性

绩效奖励计划必须紧紧围绕企业经营目标、外部经营环境和员工的工作内容、工作方式，而这些是经常会发生变化的。所以，绩效奖励计划既要保持一定的稳定性，同时又不能过于僵化死板。

绩效奖励具有明确的绩效目标，可以对组织发展起到强有力的推动作用。在实施时只有注意以上基本要点，才能保证绩效奖励计划发挥应有的重要作用。但要注意避免绩效奖励计划可能导致的员工之间产生的不良竞争。

一家公司将生产绩效以大幅图画的方式张贴在公司门口，以便员工一进厂就能了解公司一些重要经营指标的变化情况。开始时，这些图画引起了员工们的兴趣和讨论，绩效也有所改善。然而时间不长，公司的业绩很快又下降到了之前的水平。

这实际上是因为绩效奖励计划没有在绩效和奖励之间建立起紧密

的联系。员工们原以为公司可能会对大家通过努力所带来的这些数据的变化做出一些及时反应，例如制定特订的奖励计划对员工的努力加以认可，或者开一个表彰大会，可是他们很失望地发现：什么都没有发生。于是他们很快就对数据失去了兴趣，重新回到原来的轨道。这说明，绩效奖励计划必须建立绩效和奖励之间的密切联系。

技能点 2
奖金分配政策制定

奖金是为了嘉奖做出突出贡献和业绩的员工而发放的特殊费用。为了嘉奖做出突出贡献和业绩的员工，提升士气，企业通过发放奖金的形式使员工分享企业的效益。

经常有人把绩效工资或浮动工资也叫作奖金。从规范的角度来讲，如果每个月或每个季度肯定都会发，只不过发多少会根据具体的业绩大小而有所区别，那是绩效工资，或者叫浮动工资，而不是奖金。

1. 奖金的基本知识

（1）设立奖金的原因。

① 激励特殊贡献，树立榜样，倡导一种绩效文化。

② 和员工分享企业的盈利与效益，提升士气。

③ 增强企业的凝聚力，提升企业在人力资源市场的形象和竞争力。

④ 就特殊项目的专项目标临时设立奖金，激励员工尽最大努力达成目标。

（2）奖金的类型。

① 年终企业效益奖，相当于 1 个月或 2 个月的工资，或数额不等的红包，与 13 个月或 14 个月月薪制不一样。

② 特殊项目专项奖金，如软件开发人员的项目奖金。

③ 特殊贡献奖，如新技术、新产品开发奖，优秀业绩奖，优秀团队奖等。

④ 中高层管理人员和技术业务骨干的企业效益奖励，如股权、股票期权、利润分享计划等。

第一种类型的年终效益奖，虽然相当于发放第 13 个月或第 14 个月的工资，但是跟通常说的第 13 个月工资不一样。后者是一种工资制度，不管企业经营效益怎么样，是盈利还是亏损，都要发给员工；而年终效益奖不是固定的，完全是看年利润如何，今年有，明年不一定有。

第四种类型的中高层管理人员和业务技术骨干的企业效益奖励，实际上是一种额外的奖励。特点就是股权或股票期权本身并不一定能够保障员工有多少收入，完全是跟企业的经营效益联系在一起的，如果效益很好，企业的股价上去了，股权才有价值，股票期权才能够折成一定的薪资给员工，否则是无法兑现的。

（3）奖金的作用。

① 能够直接提倡一种以绩效为主导的企业文化，提倡某些特别的行为，例如团队合作、创新等。

② 能够增强企业的市场竞争力。

薪资管理的目的就是激励员工，激励的程度越深，企业竞争力的提升幅度也越高。基本工资只是一个保障，绩效工资能够让员工一直努力地工作，奖金则在此基础上再往上拔高一层。如果不断地通过各种各样的奖金，把最优秀的那部分人的潜力充分地开发出来，就能大幅度提高企业的竞争力。所以奖金的激励作用是非常有效的，支出不多，对提升企业竞争力的影响却特别大。

2. 奖金政策的制定和数量的确定

（1）奖金政策的制定。

企业可以事先制定奖金政策，并且公开明确地进行宣传，让员工清楚明了。制定时需要列出奖励项目：

① 企业的业务重点和经营目标——经营指标的超额完成。

② 核心的业务环节——产品开发、质量难关、新市场开拓等。

③ 提倡的优秀的员工行为——团队合作、创新等。

奖励目标要明确，要形成文件并积极向员工宣传。奖金数量可以不事先明确，但可以规定一个大致的范围。

一定要有明确具体的操作方法，如提名、评审、认定、奖金发放办法和时间等，并使之切实可行。具体的措施明确后，能使员工感觉这是一种行之有效的、实实在在的制度，这样才会起到巨大的激励作用。

（2）及时即事认定奖励。

奖金要及时、即事发放：大奖一年一评定，在年终员工大会上颁布发放；项目奖在项目一结束就应该评定发放；业绩性和行为性的奖励也可定期评定发放。

奖金，特别是项目奖和行为奖，时效性非常强。因为一个好的行为如果马上能得到回报，员工感受到的激励就非常大，如果事后再发放，效果就差多了。从心理学角度讲，一般的奖励，例如奖金或绩效工资，只有直接与导致奖励的原因、事件和行为联系在一起的时候，员工感受到的激励才会最大，才会形成正反馈，才会持续不断地去努力；如果奖励与行为联系不起来，或是一段时间后行为都已经被淡忘，此时即使拿了奖金，员工也很难再重复过去的努力和行为。

因此经营层和部门负责人要充分运用这一激励手段，人力资源部门要督促协调。

(3) 事后广泛宣传。

事后宣传也非常重要。奖金的目的就是鼓励、提倡、形成一种绩效主导的企业文化,这是面对所有员工的,可能真正拿到奖金的人数很少,但是对所有员工都会有影响的。要达到这种效果,宣传工作是必不可少的。

奖金评定发放时,要发给员工书面的信函、纪念品、奖状或证书。重大奖项在员工大会或部门会议上发放,有总经理或部门经理签名,有时还可以以通告的形式张贴发布。这样激励作用才会持久,其他员工看了以后也才会受到鼓舞。

(4) 奖金数量的确定。

确定奖金数量的原则:

① 与贡献的经济价值挂钩。

② 与员工的工资总额相联系。

③ 市场导向。

通常可以拿出员工贡献的1%～10%来奖励给员工,这是合情合理的。如果贡献数额很大,可以奖励1%;如果贡献数额不大,可以奖励10%。另外,作为奖金,也可以是1个月到1年的工资额。这要视员工给企业带来的经济效益而定。

(5) 奖金分配和发放的注意事项。

① 个人主导的项目给个人,团队主导的项目给团队,团队内的分配由团队领导提议,部门主管批准。

② 应在项目通过验收后1个月内发放。

③ 应有书面信函通知员工本人或加发证书、纪念品,项目小组还可以适当庆贺。

奖金是很常见的激励性报酬,已经成为企业一种重要的激励手段。

企业管理者应注意奖金支付艺术，以使奖金发挥更大的激励作用。

软件项目奖金额的设置

奖金额通常有一个阶梯化的范围，而不是一个固定数值。评定指标定下来以后，可以做一个阶梯化的奖励办法。例如整个项目周期是三个月，提前一个星期完成，可以奖励整个项目产值的1%；如果提前两个星期完成，可以奖励3%；提前三个星期以上可以奖励10%。这样就会激励工程开发人员尽可能早而且保质保量完成项目。其他指标也可以定一个阶梯化的奖励办法。

一般项目奖金设怎样的数额比较合理呢？通常来讲，为项目产值的1%～5%。因为做软件项目必须考虑到毛利润，通常在30%或40%。如果毛利少于20%，加上企业的经营成本，实际的收益就很少了，项目也就很难做了。所以在30%或者40%毛利的基础上，拿出1%～5%的金额奖给工程开发人员，这是比较合适的。

如果项目本身是整个大项目的一部分，那么就很难算金额指标，这时就要用另外一个指标，跟其工资总额联系在一起。一般相当于员工工资总额的20%～50%，或者额外一两个月的工资。这也是一个合适的奖金数额。

根据本讲所学可以为企业的项目奖金做一个规划，如表5-1和表5-2。

表 5-1 企业项目奖金评定

指 标		预 期	实 际	奖励比例
项目阶段性的完成日期	阶段 1			
	阶段 2			
	阶段 3			
	……			
项目成本的节约程度（%）				
项目本身的一些技术指标				

表 5-2 企业项目奖金分配和发放

分 配	金 额	发放时间和方式
项目主管		
成员 1		
成员 2		
成员 3		
成员 4		
……		

技能点 3
利润分享计划制订

利润分享计划是指根据对某种组织绩效指标（通常是利润）的衡量结果来向员工支付报酬的一种绩效奖励模式。

利润分享计划是群体奖励计划中的一种，在传统的利润分享计划中，组织中所有员工都按照一个事先设计好的公式，分享所创造利润的某一百分比的奖励。员工根据公司整体业绩而获得年终奖或股票，或是现金形式的红利。

利润分享计划的特点是，员工可以按照组织的利润比例立即拿到现金奖励而不必等到退休时再支取，但是必须按照国家规定缴纳个人所得税。这种利润分享计划的设计和执行往往比其他浮动薪酬计划更为容易一些，因为它很少需要员工的参与。

1. 现代利润分享计划的做法

现代利润分享计划将利润分享与退休计划紧密地联系在一起。

（1）企业确定利润分享计划。

（2）企业将利润分享基数用于为某一养老金计划注入资金，经营好时持续注入，经营状况不佳时停止注入。

（3）利润分享的范围由整个组织缩小到承担利润和损失责任的下级经营单位。

(4) 利润分享实施前，要求实施单位能够达到所要求的最低投资收益率。

2. 利润分享计划的优缺点

(1) 优点。

① 利润分享计划使员工责任感和使命感增强。利润分享计划使员工直接薪酬的一部分与组织的总体财务绩效联系在一起，从而促使员工更加关注组织的财务绩效，多从组织目标的角度考虑问题。

② 由于利润分享计划不会进入员工个人的基本薪酬，所以它可以起到"蓄洪"的作用。这是因为利润分享计划在企业经营陷入低迷时有助于企业控制成本，从而避免在解雇人员方面产生较大的压力，而在经营状况良好时则为组织和员工之间的财富分享提供了更大的方便。

(2) 缺点。

① 在直接推动绩效改变，以及改变员工或团队行为方面所起的作用不大。

② 员工不愿意承担这种计划可能带来的收入风险。

利润分享计划作为薪酬体系中的一个组成部分很有用处，但是它还需要与个人或团队相联系的薪酬方案相配合。

组织的成功尤其是利润增加，更多取决于企业的高层管理者在投资方向、竞争战略、产品，以及市场等各个方面所做出的重大决策。员工个人和企业最终绩效之间的联系是非常模糊的，因此除了中高层管理者外，大多数员工看不到自己的努力和在利润分享计划下所能够获得的报酬之间存在多大的联系。在看不到自己的工作和确保利润分享基金到位之间的联系时，员工是很难为了这一计划而努力工作的。所以，我们常说利润分享计划更适合于小型组织。

技能点 4
长期绩效奖励计划制订

长期绩效奖励计划是指绩效衡量周期在 1 年以上的，对既定绩效目标的完成提供奖励（主要是股票的形式）的计划。

长期绩效奖励计划相对于短期绩效奖励计划来说，时间更长，它的支付通常是以 3～5 年为一个周期。长期绩效奖励计划强调长期规划和对组织的未来可能产生的影响，它能够创造一种所有者意识，有助于企业招募、保留和激励高绩效的员工，从而为企业的长期积累打下坚实的基础。

大多数长期绩效奖励计划是围绕股票计划进行的，我们需要明确股票所有权的类型和权利义务。

1. 股票所有权的类型

股票所有权计划实际上是指企业以股票为媒介所实施的一种长期绩效奖励计划。传统的股票所有权计划主要是针对企业中高层管理人员，目前有向普通员工扩展的趋势。

常见的股票所有权可以划分为三类：

（1）现股计划。

通过公司奖励或参照股权当前市场价值向经理人出售的方式，使经理人即时地直接获得股权。经理人在一定时期内必须持有股票而不得出售。

(2) 期股计划。

公司和经理人约定，经理人在将来某一时期内以议定价格购买一定数量的股权。购股价格一般参照股权的当前价格确定，同时对经理人在购股后出售股票的期限做出规定。

(3) 期权计划。

公司给予经理人在将来某一时期以一定价格购买一定数量股权的权利，经理人到期可以行使或放弃这个权利。购股价格一般参照股权的当前价格确定，同时对经理人在购股后出售股票的期限做出规定。

2. 不同股权计划的比较

不同股权计划的权利义务是不同的，见下表5-3。

表5-3 不同股权计划权利义务的比较

比较项目 类型	增值收益权	持有风险	股权表决权	资金即期投入	享受贴息
现股计划	√	√	√	√	×
期股计划	√	√	×	×	√
期权计划	√	×	×	×	√

三种股权计划一般都能使经理人获得股权的增值收益权，但是在持有风险、股权表决权、资金即期投入和享受贴息方面都有所不同，具体如下：

现股和期股计划都预先购买了股权或确定了股权购买的协议，经理人一旦接受了这个协议，就必须购买股权。当股权贬值时，经理人须承担相应的损失，因此是有风险的。而在期权激励中，经理人可以放弃期权，从而避免承担股权贬值的风险。

现股计划中，由于股权已经发生了转移，经理人拥有表决权。期股和期权计划中，在股权尚未发生转移前，经理人一般不具有股权对应的表决权。

现股计划中，不管是奖励（所谓的奖励实际上也是以经理人的一部分奖金购买了股权）还是购买，经理人已经在即期投入资金，而期权和期股都是约定在将来某一时期投入资金。

在期股和期权计划中，经理人在远期支付购买股权的资金，但购买价格参照即期价格来确定，同时从即期开始就享受股权的增值收益权，实际上已经获得了购股资金的贴息优惠。

其他股权激励方法，由于具有"享受股权增值收益，而不承担购买风险"的特点，实际上与期权激励是类似的。

作为长期激励计划的一种主要形式，股票所有权计划在近年来的国际和国内市场获得了越来越普遍的应用。我们要重视这种激励制度，采取措施保证它发挥积极作用。

技能点 5
短期绩效奖励计划制订

> 绩效加薪是指将基本薪酬的增加与员工在某种绩效评价体系中所获得的评价等级联系在一起的一种绩效奖励方式。

绩效奖励计划有很多种，选择何种计划取决于组织的经营战略、经济状况和组织目标。短期绩效奖励计划是以时间作为划分的维度归类的，主要包括绩效加薪、一次性奖金、月/季度浮动薪酬，以及特殊绩效认可计划。

1. 绩效加薪

绩效加薪是短期绩效奖励计划的一种主要形式，通常是在年度绩效评价结束时，企业根据员工绩效评价结果以及事先确定的绩效加薪规则，决定员工在第二年的基本薪酬。

事实上，绩效加薪所产生的基本薪酬增加会在员工以后的职业生涯中得到累积，当然这只限于员工在同一家企业连续服务多年的情况。简单的绩效加薪规则如表5-4所示。

表 5-4 简单绩效加薪表

评价指标＼效果	大大超出期望水平	超出期望水平	达到期望水平	低于期望水平	大大低于期望水平
绩效评价等级	S	A	B	C	D
绩效加薪幅度（%）	10	7	4	2	0

绩效加薪计划的三大关键因素是加薪的幅度、频率和实施方式。

（1）加薪幅度。

加薪幅度主要取决于企业的支付能力。加薪幅度过高，企业可能承担不起，但是过低的话又起不到激励的作用。另外，加薪幅度往往也会参照市场一般水平而定。

（2）加薪频率。

最常见的加薪频率是一年一次，当然也可以采取半年一次或一季一次。

（3）加薪的实施方式。

一次性加薪，通常是对已经处在所在薪酬等级最高层的员工采用的一种绩效奖励形式。此外，基本薪酬累积增长这种方式也较为常用，属于长期的加薪方式。

2. 一次性奖金

从广义上讲，一次性奖金属于绩效加薪的范畴，但它不是在基本薪酬基础上的累积性增加，而是一种一次性支付的绩效加薪。企业如果长期采取一次性奖金替代基本薪酬增加的形式，一定要注意员工们可能采取的消极行为。

一次性奖金是一种很普遍的绩效奖励计划，它的优势很明显：

（1）在保证绩效和薪酬挂钩的情况下减少了因基本薪酬的累加效应所引起的固定薪酬成本增加。

（2）保护了高薪酬员工的主观能动性和工作积极性。

关于普通绩效加薪与一次性奖金的长期成本比较，见表5-5。

表5-5　普通绩效加薪与一次性奖金的长期成本比较　　　单位：元

方式 内容	绩效加薪	一次性奖金
基本薪酬（年薪）	50000	50000
第一年支付5%	2500（50000×5%）	2500
新基本薪酬	52500（50000+2500）	50000
第二年支付5%	2625（52500×5%）	2500
新基本薪酬	55125（52500+2625）	50000

3. 月/季度浮动薪酬

月/季度浮动薪酬是指根据月或季度绩效评价结果，以月度绩效奖金或季度绩效奖金的形式对员工的绩效予以认可。

这种月/季度奖金一方面与员工的基本薪酬有较为密切的联系，另一方面又具有类似一次性奖金的灵活性，不会对企业形成较大的成本压力。

在实际执行的过程中，员工个人所应得到的绩效奖金往往还要与其所在部门的绩效挂钩。

短期绩效奖励计划能够使员工需求在较短时间内满足，从而较强地促进了员工的主观能动性和工作积极性。企业应经常使用这些手段激励员工做出更好的成绩。

技能点6
经营者股票期权计划制订

股票期权激励是在对经营者实行契约化管理和落实资产责任制的基础上,采用多种形式使经营者持股经营,并在经营者取得一定的业绩后,在中长期内让其该享有的各种权益得到兑现。

股票期权在欧美大型公司中十分盛行,原因在于它对企业的经营者具有良好的激励效果。股票期权计划给予企业经营者的实际上只是一种获利的可能性,要使这种可能性变为现实,就需要经营者不断地努力改善经营管理来实现公司资产的不断增值,从而实现股票价格的不断上涨。

1. 股票期权设计的基本原则

(1) 利益共享,风险共担。

① 通过设置股票期权使管理者的利益与企业和股东的利益紧密联系起来。

② 企业必须挑选对企业发展具有关键作用的管理人员作为股票期权的实施对象。

③ 吸引优秀管理人员。

(2) 结构合理,标准明确。

① 期权方案的组成必须合理合法。

② 股票期权组合总数的确定要符合股东和管理者利益。

③ 建立以财务状况为标准的考核指标体系。

④ 以高级管理人员为主要参与对象。

2. 股票期权实施的关键要素

（1）股票期权的受益人。

股票期权的受益人即股票期权的拥有者，一般是公司的重要管理人员，属于核心管理层的高级主管。

（2）股票期权的有效期。

股票期权的受益人只有在规定的期限内才可以行使股票期权所赋予的权利，超过这一期限就不再享有此权利，这就是股票期权计划中的有效期。

（3）股票期权的施价权。

它是指在股票期权计划中规定的股票期权受益人购买股票的价格。一般情况下，施价权就是推出股票期权计划时公司股票的市场价格。

（4）股票期权的数量。

这是在股票期权计划中规定的股票期权受益人购买的股票数量，它反映了股票期权的规模。

3. 股票期权的表现形式

（1）激励性股票期权。

① 股票期权的赠予计划必须是一个成文的计划，并在该计划实施前 12 个月或实施后 12 个月内，得到股东大会的批准。

② 股票期权计划实行一定年限后自动结束，如果要继续实行，必须再次得到股东大会的批准。股票期权计划的开始日期以实行日为准。

③ 从股票赠予日开始的一定年限内，股票期权有效。超过一定年限

后，股票期权过期，任何人不得行使权利。

④ 股票期权不得转让，除非通过遗嘱转让给继承人。

⑤ 在股票期权赠予日，如果某位期权受益人拥有该公司10%以上的投票权，则未经股东大会特批，不得参加股票期权计划。

（2）无条件股票期权。

① 相对于激励性股票期权，无条件股票期权使股票期权计划的制订者具有更大的灵活性，因为目前尚无任何相关法律条款对其加以限制。

② 无条件股票期权比激励性股票期权更能降低成本。

股票期权是对高层管理人员的激励手段，通过引入和实施股票期权，将对我国现代企业改善经营结构，提高企业经济效益，起到极大的促进作用。

技能点 7
员工持股计划制订

员工持股计划作为一种体现新型改革思路的企业薪酬制度，其核心在于通过职工持股运营，将个人利益与企业前途紧紧联系在一起，形成一种将按劳分配与按资分配相结合的新型利益制衡机制。同时，由于员工参股后即时承担了一定的投资风险，更有助于唤起员工的风险意识，激发员工的长期投资行为。

员工持股计划是一种由企业员工拥有本企业产权的股份制形式，包括两种类型：一种是企业员工通过购买企业部分股票而拥有企业的部分产权，并相应获得管理权；另一种是员工购得企业全部股权而拥有企业全部产权，使员工对本企业具有完全的管理权和表决权。这里我们主要讲第一种类型。

1. 员工持股的股份设置

经公司股东会或产权单位同意，内部员工股份原则上可通过两种方式设置：增资扩股、产权转让。

持股总额占公司总股本的比例可参照以下比例：

（1）公司总股本在 5000 万～2 亿元的，员工持股比例可占总股本的 35% 左右。

（2）公司总股本在 1000 万～5000 万元的，员工持股比例可占总股本的 35%～50%。

（3）公司总股本在 1000 万元以下的，员工持股比例可占总股本的 50% 以上。

资本密集型的高新技术企业和商贸企业，经公司股东会或产权单位同意，员工持股比例可适当放宽。

2. 员工持股的股份分配

员工认股应遵循以下原则：

（1）坚持风险共担、利益共享的原则。

（2）坚持自愿出资的原则。

（3）坚持公正、公开、公平的原则。

3. 员工认购股份程序

（1）员工向工会提出购股申请。

（2）工会审查员工持股资格。

（3）根据员工股份认购方案确定个人持股额。

（4）公告员工持股额度。

（5）办理购股手续。

（6）员工向工会缴付购股资金，工会向员工出具员工股权证明书。

（7）公司应妥善保管员工的持股名册并上报审批部门备案。

4. 员工认购股份的资金来源

（1）现金出资。

（2）由公司非员工股东担保，向银行或资产经营公司贷（借）款购股。

（3）以股权作抵押向所服务的公司举债。

5. 预留股份

（1）预留股份由员工持股会举债一次购入，并负责管理和运作。

（2）员工脱离公司，不再继续持有内部员工股，其所持股份由员工持股会回购，转作预留股份。

在我国，企业员工持股计划仍然处于探索阶段，相关法律仍不健全。今后需要我们不断吸取国外先进经验，使员工持股计划更加完善。

第六章

员工福利管理

在现代企业管理中,之所以把薪资和福利分开来作为两个相对独立的职能内容,是因为它们的根本目的不同。薪资的目的是激励,将固定工资、浮动工资、奖金与业绩挂钩,完全以业绩的好坏来定薪。

福利则不一样,它的根本目的是保障员工能够安心工作,让员工能够有更好的精神状态和身体状态投入工作之中。从根本上讲,福利工作都是围绕这个目的展开的。

技能点 1
企业福利政策实施

> 福利是很敏感的,标准一旦制定出来,第二年最好不要再更改。所以,一定要做一个合理的规划。

福利政策制定后,怎样实施才有效,才能把它变成一个活的政策,能够对日常的福利工作起到指导作用呢?比较重要的有以下几点:

1. 福利政策与福利预算配套

这是最关键的一点。与薪资管理一样,福利管理也要有预算。福利预算具体内容是什么呢?通常来讲,企业有员工总体报酬40%~60%的福利基金,这些钱怎么用,每年都由哪些部门去用,可以做哪些事情,花多少钱,各部门权限是多少等,在预算里都要明确。预算里也包括一些新的项目和一次性的项目。

2. 董事会、经营层批准

福利政策,甚至包括福利预算,要由董事会、经营层批准,而不能只是福利经理或人力资源经理通过就可以了,否则就可能没有权威性。

3. 工会、职代会参与

在制定福利预算或福利政策的整个过程中，最好要有工会或职工代表会的代表参加，真正体现员工的参与。实际实施时，工会也要扮演一个比较重要的角色，因为工会的一项重要职责就是做好员工的福利工作。

4. 相关部门实施

现代企业经营体制下，福利工作的主管部门应该是人力资源部门，这是很重要的一点。企业福利工作的实施相对来讲比薪资管理工作要简单一些，但是也有不少实际的要求和操作要点，需要相关职能部门具体来做。

做好企业福利工作必须牢记福利工作的目的，并在此指导下制定行之有效的福利政策。

技能点 2
明确人力资源部门福利工作

福利工作内容复杂,涉及很多方面。人力资源部门一定要区分轻重缓急,制定合理的规划。福利工作是人力资源部门一项重要的工作,那么它的工作内容是什么呢?

1. 现代企业福利项目

(1) 社会统筹保险。

① 养老保险。

② 医疗保险。

③ 失业保险。

④ 工伤保险。

⑤ 生育保险。

(2) 员工住房福利。

① 福利分房。

② 住房贷款。

③ 住房补助。

④ 集体宿舍。

⑤ 住房公积金。

(3) 员工医疗福利。

① 医疗报销。

② 企业内部医疗室。

③ 员工体检。

(4) 员工休假福利。

① 员工带薪假。

② 病假。

③ 事假。

④ 婚丧假。

⑤ 公休假与法定节假日。

(5) 企业自主福利。

① 团体人身意外伤害保险。

② 员工休假制度。

③ 补充保险项目。

(6) 集体福利项目。

① 员工班车。

② 食堂与员工餐。

③ 员工浴室。

④ 员工制服。

(7) 集体福利费。

① 书报费。

② 洗理费。

③ 交通费。

④ 餐补。

⑤ 旅游费。

⑥ 生日贺金。

⑦ 过节费（中秋、国庆、元旦、春节等各种节假日）。

⑧ 困难补助费。

⑨ 防暑降温费。

………

2. 福利管理人员工作内容

根据福利工作的性质，福利工作可以概括为5种类型。

（1）福利项目的管理和开发。

① 住房。

② 交通车辆。

③ 员工休假。

（2）行政事务处理与管理。

① 住房、建房、分房、宿舍管理。

② 班车管理。

③ 食堂管理。

④ 浴室管理等。

这项工作非常琐碎，工作量很大。

（3）组织活动。

俱乐部、春游、联欢会、运动会等各种娱乐和户外活动。

（4）福利待遇核实、发放、报销、计算、缴纳管理。

如保险、医疗、休假、补贴等方面的跟踪管理（一些企业实行台账制）。

（5）员工福利问题的处理。

如果政策制定得不是很完善，如住房（宿舍、补助、贷款）、医疗（病假、医疗期、医疗费）等问题会比较多，就需要福利工作人员妥善处理。

人们的需要与潜在的欲望是多种多样的，而且这些需要的模式也随着年龄与发展阶段的变迁、所扮演角色的变化、所处环境及人际关系的演变而不断变化。

企业福利工作必须针对福利工作的性质做好安排规划，否则容易出现较为混乱的情况。

技能点 3
制定切实可行的企业福利预算

企业现在是自主经营,为了提高企业的经济效益,必须认真考虑作为成本支出的福利,对经营效益的贡献究竟有多大。因此,企业应该通过福利预算对整个福利工作进行全面规划。

1. 福利预算的好处和作用

(1) 在给定的预算内,开发最佳投入产出比的福利项目。

开发福利项目时,要按自主经营的思想去考虑,一定要清楚新开发几个项目会花多少钱,有没有这么多钱来做这些事情,包括补充的医疗保险、员工贷款项目,有多少员工需要这些项目资助,等等。

(2) 控制成本,杜绝超预算支出。

福利本身有福利基金,其金额是按工资基数比例提取的,一般来讲在 40%～60%。支出一定要控制在基金的范围之内,如果超出这个范围,就变成企业的额外成本了。因此,福利管理工作就是要把计划支出控制在预算范围之内,通过预算来控制成本,避免超支。

(3) 合理计划企业的福利工作重点和时间表,以预算为龙头做年度福利工作计划。

通常福利预算与企业的预算周期是一致的,福利预算应纳入企业的整个预算工作里。预算工作的特点就是计划性和超前性,年度中所要开展的福利工作,包括日常的费用支出和新项目的开发,都要有初步的计划和预算,必须考虑每个季度的工作重点及所需的金额,做出年度的工作时间表。所以预算的过程实际上也就是制订企业年度福利工作计划的过程。

2. 制定切实可行的企业福利预算

具体怎样来做福利预算呢?在此介绍一个基本的格式。

福利预算是以工资总额为基础,按政府规定的比例提取的项目。此外还有一个基金,叫作税后利润的福利基金。如果企业有15%的利润,那么可以拿出5%的利润来做福利基金。

以上这两个方面是福利基金最主要的来源。具体的福利预算还包括以下几个方面:

(1) 基金的来源。

(2) 福利基金的费用支出项目:每一个项目有哪些具体支出。

(3) 上年积余,在此项目下上一年还剩下多少钱。

(4) 本年的预算。

(5) 年底的积余:到年底除去今年的预算之后还会剩下多少钱。

(6) 说明和备注:比如费用的具体内容和享受对象是什么。

表6-1就是企业一般的福利预算表。

表6-1 一般的福利预算表　　　　　　　　　单位:元

福利基金来源	费用支出项目	上年积余	本年预算	年底积余	说明和备注
45%福利提成					
20%养老基金	养老保险金、补充养老项目				

（续表）

福利基金来源	费用支出项目	上年积余	本年预算	年底积余	说明和备注
14%集体福利费	员工活动费、交通费、集体福利项目				
7.5%医疗基金	大病统筹、医疗报销、体检				
10%住房公积金					
1.5%教育基金	员工教育自助计划				
2%工会费	工会活动项目明细				
税后利润福利基金					

（1）基金来源和项目支出。

需要明确的是，基金的来源和可以花多少钱，跟实际上花出去的钱是两码事。例如说养老基金，一般企业提成是工资总额的20%，假如员工的月工资总额是100万元，企业就得提取20万元作为福利基金，以用于养老费的缴纳。如果有些地区规定，企业只缴纳19%，这样就有1%剩余。如果没有补充养老保险，这个1%就会积累得越来越多。只要企业经营效益不错，工资水平较高，就会积累形成很大的一笔金额。

也许你不会注意到，实际缴纳养老保险时，经济效益好的企业是以本地区上年度平均工资的三倍封顶的。而且缴纳时，如果员工工资低于上年度本地区平均工资三倍的就按实际工资缴纳，这样一来，企业平均缴纳的就会少于三倍，真正积余下来的钱就会很多。很多项目都是这样，尤其在社会统筹保险的栏目里都有类似的情况。所以基金积余会有一个很可观的数字。

（2）积余的处理。

基金来源和项目支出是有区别的，做本年度预算时要考虑到两件事：一是常规型的交费，例如每个月养老费的缴纳，就是给社会保障中心交的钱，这是正常的开支；二是将养老金中积余下来的钱用于开发其他项目，例如做一个补充养老保险，其大概的框架、水平和标准可以写在预算中。

（3）可以开展的活动。

在费用支出上有一些活动非常必要。

① 常规型的体检。可以用医疗基金安排员工做常规型的体检。这对员工来讲是很有意义的，对企业经营也是必要的。

② 教育资助计划。员工的教育资助计划通常是应该考虑的，例如员工自学考试、资格证书考试，企业可以制定一些福利政策来鼓励他们提高知识水平。企业也可以根据业务的需要，制订一些与业务相关的自我教育发展计划。

（4）集体福利费。

其实教育费用、住房公积金或者医疗、养老这些基本上都是常规性的项目，能做的选择不是太多。还有一个项目是集体福利费，像交通车辆的安排、食堂、节日贺金，还有员工活动，如春节联欢会、春游、员工运动会等的费用，都可列为集体福利费。

（5）专项福利预算表。

除了总体福利预算之外，还有一些专项的福利预算。例如住房福利，包括宿舍管理、员工房租补贴，或者资助员工买房等。这些对企业来讲都是特别大的事情，要做一个专项福利预算，这是一件很有必要的事情。

现在虽然没有福利分房了，但是还涉及房租补贴、贷款买房等。在做这些专项预算时，首先要明确集体福利费大概有多少积余可以用在住房福利上，因为住房公积金通常都先缴纳了，所以这个专项福利的一个重要来源就是企业所创造的利润。具体使用就看有哪些具体项目，会花多少钱，现在有多少钱可用，年底会剩多少，等等。

通过福利预算能够做好整个福利工作的规划等先期工作，因此，为把钱花到最值得的地方，就需要合理地进行预算，也需要企业重视预算。

技能点 4
企业自主的员工福利项目实施

在市场经济下,企业自主经营管理的工作重点或工作方法要求把60%以上的精力和注意力放在福利效果的跟踪上。

企业决定设置自主的员工福利项目后,如何进行设计、实施呢?

1. 指导思想

(1) 项目要能反映员工的需要。

(2) 已经有很多企业在做,而且效果不错。

(3) 项目资金的投入与企业的效益水平相当,企业能够承受。

2. 主要内容

我们以人身意外伤害保险为例进行解释。人身意外伤害保险是传统的福利项目所没有的,传统的福利项目只有工伤保险,即在工作场合发生的意外伤害保险,因为它是针对生产型企业来做的,而在商业化的企业里,适用的范围很小。比如如果你在上班时间之外发生意外伤害,对你以后的工作、对你个人和家庭都会有很大的影响,而这些伤害在传统的福利项目中是得不到补偿的,该怎么办?现在,这几乎已经成了所有的现代企业都在为员工考虑的一个问题。

现在市场上比较成熟的具体做法，就是为员工买人身意外伤害保险，其主要内容包括以下几个方面：

（1）所有员工拥有保险资格。

（2）伤害的定义与技术鉴定遵循保险公司的标准操作。

（3）具体的操作办法是新员工入职即生效。

3. 落实办法

物色合适的保险公司，谈判保险费的比例，布告通知员工。要和员工交流和沟通，让员工知道可以享受的福利内容。

其中有一个小技巧就是咨询同行业其他公司采用的保险公司和费用比例。

人力资源管理部门可以通过分析本企业目前的福利管理状况，员工满意度如何，确定哪些项目可以做，哪些项目可以不做，从而指导现有项目之外的新项目的开发。

通常，企业为员工提供人身意外伤害保险。这个保险要给员工什么样的保障呢？就是当员工受到意外伤害时，会有一定的赔偿金额给员工本人或其家属。企业以一定月份的工资作为一个保险额，按一定的比例投保，一般来讲最少提供 24 个月，多的达到五六年，就是当员工发生意外伤亡时，最多（死亡的情况下）可以得到多少个月工资的赔偿。

这个福利项目基本上符合自主福利项目设计的指导思想：

（1）最能反映员工需要——生老病死。

（2）市场上被证实受欢迎——现代企业普遍做法。

（3）资金投入和福利效益与本企业经营效益水平相当——以员工的工资收入为基数。

技能点 5
发挥社会福利顾问机构作用

> 专业的福利顾问机构是企业经常要用到的。利用顾问公司可以使福利工作变得更加专业化。无论哪一个类型的福利服务公司，都有专业人员利用专业流程处理大量的行政工作。福利顾问公司中的专家往往都能够提供专业方案和方法技巧。

那么如何主动灵活、积极充分地开发这一社会市场资源，为本企业的福利工作服务呢？

1. 了解市场行情和顾问服务公司的信息

从事人力资源管理工作，不管是招聘、培训还是考核等方面的管理工作，通常要花 1/4 到 1/3 的精力去注意市场方面的变化，特别是了解市场行情和信息。

这需要通过什么样的渠道呢？

（1）通过同行之间的交流。

（2）通过行业协会做一些交流。

（3）参加顾问公司的服务推介会了解市场行情。

2. 物色相应顾问服务公司，建立长期伙伴关系

要结合本企业的福利工作重点，物色若干家顾问服务公司建立一种长期的战略伙伴关系。长期的战略伙伴关系不一定要订立长期合同。一般至少跟两三家顾问服务保持联系，然后可以建立起一种比较长期的合作关系。

3. 从顾问公司获取市场信息、专业解决方案

一旦找到顾问公司，建立战略合作伙伴关系以后，在福利管理工作中就可以充分发挥他们的巨大作用。你可以让他们为企业提供一些专业解决方案，帮你出各种各样的主意，也可以向他们咨询一些有关的技术问题，以及市场上最先进的方法。

4. 动态管理服务内容、服务水平和费用价格

怎样保障顾问公司的服务水平，或者说如何对他们进行管理？这是我们自己要做的工作——服务满意度调查。一方面要结合市场行情对他们进行评价，另一方面从内部员工的角度做出评价，例如医疗保险，涉及很多员工的医疗费用，会不会如实报销入账，这些通过调查就可以知道。通过对市场和员工的调查，就可以找出存在的问题，督促服务公司改进或提高他们的工作质量。

专业福利顾问公司是企业可以利用的社会资源，人力资源部门一定要有效地加以利用，充分发挥他们的作用，使企业福利工作更专业，也更有效。

5. 福利顾问机构在业务关系中的角色定位

（1）业务伙伴。

企业的人事服务部门也好，专业的福利顾问公司也好，大家是业务

伙伴关系、合作关系。企业是直接跟员工打交道的，福利顾问公司是直接跟企业打交道的，是企业业务流程的一部分，所以双方要互相支持，互相配合。

（2）服务供应商。

大家属于合作做生意，虽然针对的是员工福利，但是企业花钱，福利顾问公司提供服务和产品。这样企业一定要明确服务的要求是什么，而且还要监督、检查他们的服务质量，依靠合同的手段来管理。

（3）盈利单位。

顾问公司也是要有收益的，在和他们签合同时就要意识到这一点，保障他们合理的收入。具体怎么来做呢？通常是通过招投标方式来优选服务供应商。

技能点 6
特殊福利政策制定

所谓特殊的福利项目，就是只有少数员工享受的一些福利项目，而且可能是专门为这部分员工设计的福利项目。这些特殊的员工群体在企业中可能人数不是很多，但是能起到很关键的作用，对他们应该制定一些特殊的福利政策。

1. 福利项目

（1）针对业务骨干或高层经理。

① 住房问题。

② 交通工具问题。最好的办法是租车，甚至包括租司机。另外一个办法是资助这些员工买车，但不配司机。

③ 俱乐部资格问题。因为俱乐部既是健身场所，也是社交场合，属于福利的一部分。

（2）针对业务销售人员。

除了高层人员之外，有时候如销售代表、销售经理，公司也会给予俱乐部资格的福利待遇。因为在俱乐部的环境下跟客户边健身边谈生意，很容易沟通，而且，这些特殊的福利项目对业务、对公司整个运作影响都很大。所以，即使这种福利成本远远超过薪资成本，企业也会在所不惜。

2. 指导思想和设计要点

因为做福利项目成本很高，管理起来很严格，所以对享受对象的资格包括级别和工作业绩要进行严格的审查。最根本的一点就是根据员工的级别及业绩来建立特殊福利项目。

3. 实施和管理办法

(1) 外派地住房待遇。

(2) 配偶家属随同外派。

(3) 配偶工作就业。

(4) 子女入托上学。

(5) 就医。

(6) 探亲。

(7) 生活补助。

4. 实施中的注意事项

特殊员工的福利项目通常都由总部直接集中管理，派专门人员负责。具体操作时，一是要注意密切沟通，尽可能让员工满意；二是没有必要让所有的员工都知道，没有必要把它作为一个政策来宣传。

另外还要注意的是，做特殊福利项目管理，不仅仅是人力资源部门本身的事情，要让福利享受人的直接领导也介入进来，这是做好这项工作一个非常有效的办法。

企业在以上这些特殊的福利项目之外，也可以根据实际情况或需要，另外设计一些项目。无论怎样，根本目的都是更好地激励员工。

技能点 7
企业福利工作效率提升

在员工福利管理工作中，人力资源部门经常遇到的问题就是行政事务很多，非常烦琐。因此，就需要运用一些有效的方法来提高企业福利工作效率与效果。

正是薪酬支付中的一些秘诀和技巧使你花 1 元钱比花 100 元钱更能激励员工。但务必要记住一点，所有的福利项目都要见到一定效果，如果效果不到位，福利项目管理就需要改善或者重新来做。

1. 抓好福利的预算与年度工作规划

首先要做好福利工作的年度规划和预算。前面已经详细地讲了预算的具体做法，预算是整个福利工作的龙头，要结合预算和年度工作规划，抓住当年工作的重点。要看福利规划项目中，哪些是员工最想要的，实施的措施是否到位。

你可能年初需要投入几个星期的时间去做规划和预算，但是为你带来的是整年有序的工作状态，这样做是很有效果的。

2. 尽可能将福利工作制度化、规范化

（1）有福利管理政策和纲领性的文件。

（2）有年度福利预算计划和专项福利预算计划与政策配套、配合。

（3）有全职或兼职的福利经理管理这些福利项目。

（4）所有福利项目的实施都有据可依，有规范可循。

（5）福利项目实现行政自动化。福利项目的行政自动化是现代化工作效率的一种具体体现。那些规模比较大、办公自动化做得比较好的企业，政策的咨询、各种福利待遇的申请等都可以在网上完成。行政工作的很多表，像申请表、统计报表、跟踪表等都可以利用电脑来做。效率能够成倍地提高，而且准确性和员工满意度都会增加。

3. 将大量的常规性福利行政工作外包

大量的常规性福利工作，可以外包给顾问公司或一些专业服务公司来做。像现在做得比较多的保险，无论是团体的人寿保险、人身意外伤害保险还是医疗保险，都可以委托专门的保险公司来做。保险费的缴纳、跟踪、计算等工作，如果由企业专人做的话可能会花很多时间，而且很烦琐，但交由专业公司就可大大节省时间。现在每个城市、每个地区都有专门的人事服务公司，只要找到他们，审核一下专业资格，就可以委托他们来做。

像集体宿舍、员工住房，可以委托专门的物业公司来管理。企业只要给予那些服务公司具体的政策和标准，和他们签合同，管理好合同就行了，至于日常的工作都由他们来做，效果可能会比企业自己做还要好。

4. 减少福利行政人员，设置福利经理

这一点很关键。通常企业的福利行政工作人员不一定需要很多，但是管理工作则必不可少，至少要有一个人在主抓这项工作。如果企业规模不是很大，应该有一个兼职的福利经理。所谓兼职，是指他既管福利，也管薪资，可能还要加上绩效考核。不管怎样，应至少有一个经理

级别的人专管福利。经理和一般行政人员的区别在于，经理能够发现问题，用专业技能和管理思路去解决处理问题，并且跟踪其效果。

如果有福利政策，有预算，有经理在管理，再加上一个好的办公自动化系统的支持，企业福利工作就会做得规范、有条理，不仅效率提高，员工也会更加满意。这正是现代企业福利工作要达到的境界。

过去在住房福利或房租补助方面有一种约定俗成的做法，即如果配偶没有住房或双方单位都不给住房的，企业就提供福利待遇。这种做法在市场经济背景下的企业福利管理理念中还应该继续存在吗？

其实按照现在的市场经济背景来说，不应该存在。因为以前所有的国有企业其实都是一家，为员工提供住房是政府的责任。因为所有的企业和单位都是政府管辖的，夫妻双方单位只要一家给提供住房就行了。所以如果男方在本企业工作，提出住房申请，福利管理人员就要去配偶的单位调查有没有给住房，这样一来就增加了工作量，而且无意之中也制造出了很多漏洞或矛盾。例如配偶方可能没有房子，但是其父母在某单位里职位比较高，有两套房子，给了子女一套，这样实际上他是有住房的，但是又跑到企业来申请。这样就会出现有的职工可能有两套房子，而有的职工一套也没有。而现代企业的体制下就不用再考虑这些事情，只考虑员工在企业里是什么职位级别，符合什么条件就可以了。因为企业是一个相对独立的经营实体，企业提供给员工的福利是针对员工本人的，与他人的情况无关，这样就减少了很多烦琐的工作。

第七章
各类型员工薪酬模型设计

我们在薪酬模型的设计和应用上最可能犯但不允许犯的错误有两个：一是把所有不同类型的人都往一个刻板的薪酬模型里套，搞"一刀切"和平均主义。这种做法使优秀人才的收入减少，平庸人员的收入增加。二是随意性较强，每个人获得多少薪酬，得到什么奖励，没有根据，全是领导说了算。这种做法的后果是大家都看钱干活，给多少钱干多少活，多给多干，少给少干，不给不干。为科学地制定薪酬模型，我们需要分析不同类型的员工特点，分门别类，有的放矢。

技能点 1
通用型薪酬模型设计

> 每家企业都需要一个基本的薪酬模型,这个模型作为全体员工薪酬模型设计的标准和指南,体现企业按劳分配的原则和主要内容。通用模型是企业制定其他模型的参考,可以有很多变化,但是基本上各部门的内容和性质是差不多的。

通用型薪酬模型可以直接作为企业大多数人员的薪酬模型,例如实行月薪制的基层和中层管理人员、一般办事人员、文员等。他们的工作内容相对稳定,重复性强,以完成定性的工作为主,通用型薪酬模型完全可以满足他们的职位评价要求。

某些职位,由于其薪酬受某一项指标的影响特别大,通用型薪酬模型已不能满足相应的职位评价要求,这就需要设计新的薪酬模型。但所有特殊人员(岗位)的薪酬模型都是由通用型薪酬模型衍生出来的,在制定特殊人员(岗位)的薪酬模型时,应依据并遵从通用型薪酬模型。

大多数企业采用的通用型薪酬模型有两种:

1. 通用型薪酬模型一

薪酬一级构成包括基本工资、绩效工资、加班工资和津贴福利。如图 7-1 所示。

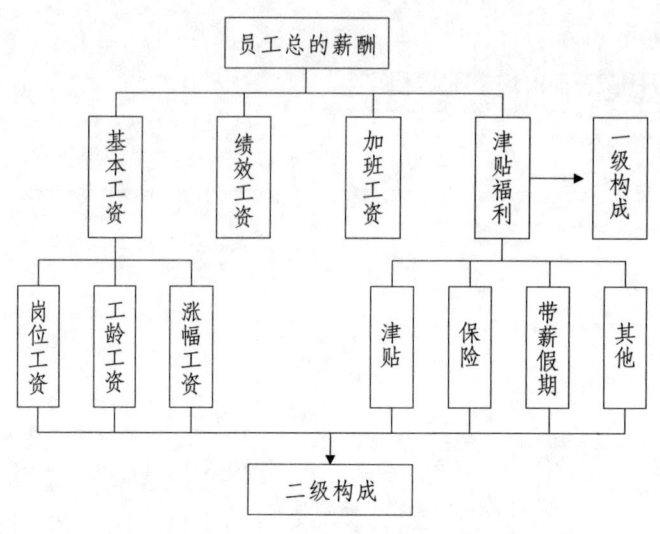

图 7-1 通用型薪酬模型一

2. 通用型薪酬模型二

与第一种不同的是将岗位工资、工龄工资和涨幅工资从基本工资中剥离出来，薪酬一级构成包括岗位工资、工龄工资、涨幅工资、绩效工资、加班工资和津贴福利等各种报酬。这种薪酬管理思路目前正在推广应用中，效果比较明显，值得各企业参考借鉴。如图 7-2 所示。

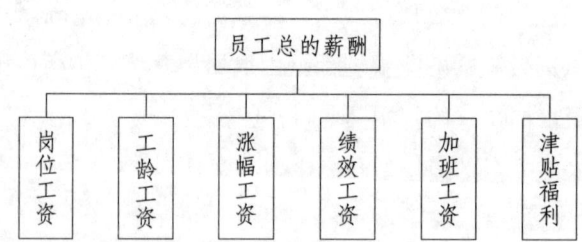

图 7-2 通用型薪酬模型二

根据通用型薪酬模型二，表 7-1 是某企业对一般管理人员、一般办事员、文员等 2018 年度薪酬构成比例的分析数据。

表 7-1　员工 2018 年度薪酬构成比例

薪酬	基本工资	工龄工资	涨幅工资	绩效工资	加班工资	福利津贴
构成比例	68%	7%	3%	8%	5%	9%

通用型薪酬模型，可以大致反映一家企业的薪酬状况、薪酬结构，企业可以通过与同行业竞争对手的比较分析自己的情况。

某组织内企划专员 2018 年 8 月份的薪酬构成为：基本工资 5000 元、工龄工资 200 元、绩效工资 1200 元、加班工资 800 元、福利津贴折合 1000 元。请问他的薪酬构成比例为多少？

企业员工薪酬总额为：

5000+200+1200+800+1000=8200 元

基本工资比例：5000/8200×100% ≈ 61%

工龄工资比例：200/8200×100% ≈ 2%

绩效工资比例：1200/8200×100% ≈ 15%

加班工资比例：800/8200×100% ≈ 10%

福利津贴比例：1000/8200×100% ≈ 12%

技能点 2
销售人员薪酬模型设计

在实践中,针对销售人员的薪酬方案是多种多样的。这些薪酬方案的目的都是将销售人员的薪酬与企业的经营目标以及客户的期望密切联系在一起。企业考虑最多的是三个方面的问题:一是薪酬方案给企业带来的总成本,二是销售职能在企业的经营战略中所扮演的角色,三是销售工作自身的特点。

总的来说,目前市场上销售人员的薪酬方案主要有以下几种:

1. 纯佣金制

这是指在销售人员的薪酬中没有基本薪酬部分,销售人员的全部薪酬收入都是由其佣金构成的。纯佣金制在属于企业正式员工的销售人员中实施的情况不多见,更经常地在劳务型销售人员或是兼职销售人员中实行。

(1) 优点。

① 激励作用明显。

② 计算简便。

(2) 缺点。

① 收入缺乏稳定性。

② 使销售人员只重视眼前利益。

2. 纯基本薪酬

有底薪，没有佣金和奖金。

(1) 优点。

① 员工收入稳定。

② 计算简便。

(2) 缺点。

完全没有激励性。

3. 底薪 + 奖金

这是指在薪酬中没有业务提成部分，销售人员的全部薪酬收入是由基本薪酬和奖金来组成。奖金和业绩之间有一定的联系，但是不如佣金和业绩联系那样紧密。

(1) 优点。

① 奖金体现出一定的激励作用。

② 基本薪酬使得收入比较稳定。

③ 没有过多的数据要求，计算较为简便。

(2) 缺点。

① 激励性不强。

② 不利于竞争。

4. 基本底薪 + 佣金

这是指销售人员每月领取一定数额的基本薪酬，然后再按销售业绩领取佣金。

(1)优点。

① 激励作用较强。

② 收入稳定。

(2)缺点。

① 销售人员积极性可能不高。

② 计算较为复杂。

5. 基本底薪 + 佣金 + 奖金

这是一种比较特殊的模式,主要体现在它把佣金制和奖金制结合起来(见表7-2)。

(1)优点。

① 激励员工达成高销售额和高利润率。

② 员工有企业归属感。

(2)缺点。

① 为获取多种奖励,有可能产生造假行为。

② 计算较为复杂。

对于企业来说,采取何种薪酬支付方案,取决于多方面的因素,譬如自身所处行业、公司产品的生命周期、组织以往的做法等。更重要的是,企业要明白薪酬方案的意义和需要达成的目标是什么。

表7-2 某组织内对销售人员采取如下薪酬模型

薪酬构成	季度利润奖金	
基本底薪:14.2万元/年	毛利率(%)	奖金比例(相当于佣金的百分比)
佣金:按月发放,比率为销售额的6%	15	0
奖金:季度发放,相当于佣金的百分比	20	10
	25	25

如果员工甲一季度完成 100 万元的销售收入，毛利率为 20%，员工甲一季度的收入为多少？

这家企业采取的是基本底薪＋佣金＋奖金制。

一季度基本底薪为：

142000/4=35500 元

佣金收入为：

1000000×6%=60000 元

奖金为：

因为完成 20% 毛利率，所以奖金为佣金的 10%，

则奖金为：60000×10%=6000 元

所以员工甲在第一季度的总收入为：

35500+60000+6000=101500 元

技能点 3
生产人员薪酬模型设计

生产人员制造商品或提供服务，是企业效益的创造者。他们的薪酬模型通常包括两种：计时制和计件制。

计时制又可分为简单计时制和差别计时制，计件制也可分为简单计件制和差别计件制。

简单计时制就是根据员工工作时间的长短而计发工资的一种制度。

差别计时制与简单计时制基本类同，只不过多了加班工资的计算。

这些薪酬模型在本书第五章都已详细讲述。

表 7-3 中，我们对这些模式进行一下比较。

表 7-3　生产人员薪酬模型比较

模式	计薪方式
简单计时制	月薪，或工作天数 × 日薪
差别计时制	工作天数 × 日薪 + 加班小时数 × 时薪
简单计件制	生产数量 × 产品生产单价
差别计件制	标准产量部分 × 产品生产单价 1+ 超额产量 × 产品生产单价 2

抽象地说，两种薪酬模型没有绝对的优劣，但是联系到具体企业，就涉及哪种薪酬模型更为可取的问题。

文员王小姐的月薪为 5500 元，合同规定每个月工作 21.75 天，每天工作 8 小时。假设某个月王小姐请事假 3 天，那么王小姐的薪酬应是（5500÷21.75）×（21.75−3）≈ 4741.38 元

技能点4
专业技术人员薪酬模型设计

专业人员是指组织中那些通过国家职称评定机构认定，获得了一定技术职称或技术资质等级的人员（例如工程师、高级工程师、经济师、会计师、律师、技师或其他专业职称）。

技术人员是指组织内部根据工作需要选择的有资质、有能力并安排到特定的技术岗位去工作的人员（例如生产工程师、品质工程师、网络工程师等）。

专业技术人员的一个重要特征是：对专业和技术的认同程度往往比对企业的认同程度还要高。对专业技术人员的工作过程很难观察和评价，很难监控他们的行为，因此只需要对工作结果进行评价即可。

通常对专业技术人员的薪酬模型设计有两种做法：

第一种是以职称高低为主要依据的"职称评定法"；

第二种是以内部层级为主要依据的"评聘分离法"。

这两种方法在大多数企业都存在，但第一种"职称评定法"的缺陷较多，因为职称和工作成果之间没有直接必然联系，因此，越来越多的企业正在按照第二种方法建立专业技术人员的薪酬模型。

按"评聘分离法"建立专业技术人员的薪酬模型要具备以下两个条件：

第一是打破职称等级制度；

第二是建立适合于企业需要的技术人员层级关系并实行聘用制度。

与其他职位类似，专业技术人员薪酬体系也是由基本薪酬、奖金和福利等三部分组成的。

基本薪酬和加薪取决于他们所掌握的专业知识及技术的广度和深度，以及运用的熟练程度，而不是他们所具体从事的工作岗位的重要性。

专业技术人员通常是获得较高的基本薪酬，即使有一定数量的奖金，所占的比例也不高。

一般来说，专业技术人员对常规性的福利不太感兴趣，看重的是继续接受教育和进一步培训的机会。因此企业应多给他们提供国内外进修深造、参加学术会议等活动的便利和机会。

在给予专业技术人员恰当及足够的激励后，他们一般会爆发出极大的工作热情。

技能点 5
项目经理薪酬模型设计

> 项目负责制是基于一些比较独立的工作课题、工程、项目而形成的一种由责任人（或责任团队）负责的工作制度。项目负责制在我国推广应用的时间较晚，也不是很成熟，但目前越来越多的科研企业、建筑公司、监理公司、咨询公司和其他服务公司都在努力探索并积极应用项目负责制的管理手法，并在某些方面获得了较大的成功。

由于项目负责制的工作模式比较特殊，单纯以职务高低或工作时间长短来确定薪酬，显然很困难。因此，为项目经理设计一种适用的薪酬模型已成为必然。图 7-3 是最常见的项目经理的薪酬模型。

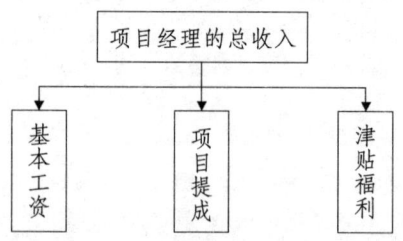

图 7-3　项目经理的薪酬模型

项目经理的薪酬模型与其他薪酬模型的不同在于增加了项目提成这个部分，这也是区别于其他模型的特征。项目提成通常是以课题、工程或项目的标的额为基础，按标的额的一定百分比提取作为回报。目前我国在建筑、监理、审计等行业对项目提成的百分比做出了一定的规定，而其他行业对项目提成大多采用双方商讨约定的方法加以解决。

项目经理承担的任务很明确，不能单纯以岗位、职务作为衡量薪酬的指标。项目经理的薪酬结构中，平均来看，基本工资一般在50%～60%，绩效工资是第二大块。要想使项目经理在所承担的项目中发挥更大的作用，通过薪酬进行激励是一种重要手段。

技能点6
特殊人员薪酬模型设计

越来越多的大型集团企业、跨国企业和外资企业,聘用外籍员工或具有特殊才能的专业人才,这些特殊人才有些是从事技术的,有些是从事营销的,有些是从事管理的……那么他们的薪酬模型应该如何设计呢?

通常在解决外籍员工或专家型人才的薪酬待遇时,需要先搞清楚以下几个问题:

他们在国内外人力资源市场上的薪资价位如何?

企业能承受他们的高额薪酬吗?

福利计划需要调整吗?要增加或删减哪些项目?

针对他们的薪酬结构及薪酬管理有什么特殊性?

如何处理与现有薪酬系统的关系?

大多数企业在聘用外籍员工或专家型人才时,一般都把重点放在薪酬结构和薪资水平的调查与分析上,找出管理中需要解决的特殊问题,然后再设计他们的薪酬模型。

(1) 聘任外籍专家,可采取谈判法、平衡法、一次性支付法、自助餐法等。短期外籍专家薪酬一般只有两项:一项是基本工资,另一项是福利津贴。

目前我国大多数中资企业、外资企业、集团企业在聘任外籍人员时，都采取了薪酬参考的做法，即以该外籍人士在外国企业获得的工资水平作为最主要的参考依据，在此基础上结合本地区差别、消费水平、个人所得税进行一定幅度的上下调整，融合到现有的薪酬制度中去，就可以操作了。

（2）企业聘任专家型人才，一般是短期的，而且人数很少，所以多数企业都采取简单原则，不会专门去调整其薪酬模型。一般企业实行高薪打包制，付给对方的薪酬总额包括工资、福利津贴等全部内容，这也是较容易操作的一种方法。

随着企业经营全球化和国际化程度的逐步提高，有些员工只对企业负责，基于自己的流动性及对组织的承诺获取相应的报酬。

技能点 7
一般管理人员薪酬模型设计

> 与其他员工群体相比,管理层可能是企业在进行薪酬管理时需要关注的诸多群体中最为重要的一个。

毫无疑问,成为一名管理者是很多人满足个人成就感的一条重要途径。这是因为管理本身具有挑战性、丰富的工作内容和与人打交道的乐趣。

无论何种行业和经济条件,管理者对企业来讲都是非常重要的。可以说管理职位,特别是高级管理职位已经慢慢演变成为决定企业胜负成败的核心职位。设计一种对管理人员具有吸引力的薪酬模型,是企业积聚优秀人力资源和激励员工的第一步。

大多数企业管理者的薪酬模型都具有战略性和挑战性。通常高级管理者(决策者、职业经理人、高级经理等)实行高难度经营目标基础上的高额年薪制,而一般管理人员则实行业绩评价基础上的月薪制。与月薪制相比,年薪制更能体现高级管理人员的经营管理能力和价值,是目前人力资源商品化、管理人才凸显价值的一种发展趋势。

本节讲述的是除高层管理者之外的一般管理人员的薪酬方案。

与其他职位类似,一般管理者的薪酬体系也是由基本薪酬、奖金、福利与服务三部分组成。

1. 基本薪酬

基本薪酬一般会占到薪酬总额的 1/3～2/3，具体情况视管理者在组织层级中的位置：位置越靠近上层，基本薪酬在薪酬总额中所占的比例就相应地越低；而对基层管理者而言，基本薪酬在薪酬总额中所占的比例往往就很大了。

2. 奖金

（1）短期奖金。

企业向管理者支付奖金，意在对其在特定的时间段内（通常是一年）为组织绩效做出的贡献进行补偿和奖励，以组织的总体绩效为基础进行考核。

（2）长期奖金。

延期支付，与组织的长期经营绩效具有紧密的联系，更多的是对高一层管理者发放。

3. 福利与服务

企业高层管理者，通常能够得到名目众多的福利和服务。退休福利是各种福利中数额最大的一种。

管理人员作为企业重要的组成部分，薪酬管理也较为敏感，因此必须谨慎处理。

技能点 8
高层管理人员薪酬模型设计

> 企业高层管理者的绩效在很大程度上直接决定了企业经营状况的好坏,因此必须给予重视。

大多数高层管理人员的薪酬包括 5 个基本组成部分:基本工资、奖金、股权、福利、津贴等。这些组成部分的比例在近几十年发生了明显的变化。

从这些变化可以看出一个明显的趋势,激励报酬越来越多地取代了基本工资。这种变化趋势表明,确保企业利润率和企业生存的决策越来越受到重视。有人认为高层管理人员薪酬的设计应当能够确保他们在做出决策时考虑股东的最大利益。

(1)基本工资。

具有竞争力是决定高层管理人员基本工资的重要因素,但是具有竞争力的薪酬水平在不同行业间差别很大。尽管固定职位的评估方法偶尔还在决定高层管理人员基本工资方面发挥作用,但是其他方法则更为重要,尤其是薪酬委员会的观点。通常这个委员会是由全体或部分董事会成员组成的。

(2) 奖金。

作为一种有效的激励形式，年度奖金一直在高层管理人员薪酬中扮演重要的角色。最令人瞩目的是奖金这种方法正在迅速地流行起来。在美国，2000年以前只有36%的公司提供年度奖金，2015年后则有90%的公司提供年度奖金，奖金平均占到高层管理人员总薪酬的72%。

(3) 股权。

在美国，现在长期激励占了高层管理人员薪酬的35%，而2000年前这个比例是28%。2015年后，大多数的高层管理人员的长期激励仍然是股票期权。但是，在一个全面上涨的股票市场，高层管理人员能够以比最初价格高得多的价格使用期权——由此得到的收益更多的是由于市场的价格增长而不是高层管理人员的具体行动。期权的价值并不能反映高层管理人员的绩效。所以需要增加其他长期激励计划的比重，其中一些要求高层人员"打击市场"或达到一定的与企业绩效联系的绩效目标。例如：虚拟股票计划、股票增值权、绩效分享计划等。

(4) 福利。

由于许多福利都是与收入水平相关（例如人寿保险、伤残保险和养老金计划），高层管理人员的福利一般比其他的雇员要多，许多高层管理人员还能获得额外的人寿保险、养老金计划等。

(5) 津贴。

津贴或许和"职位即特权"的概念同出一辙，以满足高层管理人员的某种专门需要。

如何激励高层管理人员努力工作，一直是企业界讨论的话题。上述所讲的是一种较为常用的模型，如何更好地发挥薪酬作用，还有待于进一步探索。

第八章
薪酬预算、支付与沟通

长期以来，企业经营者和人力资源部门认为只要满足员工需求，制定出适宜的薪酬制度，就能达到让员工满意的效果。孰不知，薪酬制度的确立只是整个薪酬管理工作的一部分。

为确保薪酬成本不超出企业承受范围，薪酬预算必不可少。薪酬支付保证薪酬方案顺利实施，薪酬沟通搭建企业和员工之间顺畅交流的平台，薪酬满意度调查深入员工内心，这些工作都是人力资源激励机制和分配机制成功的根本保证。

第八章 薪酬预算、支付与沟通

技能点 1
企业薪酬预算制定

制定企业薪酬预算，通常是由主管薪资的薪资经理和人力资源部门经理以及财务人员一起配合来完成。不能只由薪资经理或只由财务人员来做，否则就会不准确或不能很好地与企业发展相结合。

薪酬预算：是指特定的主体决定实现怎样的目标，以及准备以何种代价来实现这一目标的过程。对于任何一种经济活动而言，通过预算来进行成本控制是必不可少的环节。

1. 了解员工的资料和工资信息

工资信息很容易得到，但只有这些还不够，作为管理人员还要从宏观上、结构上把握这些数据。

例如一家1000人的企业，其中有多少管理人员，有多少技术工人，有多少办公室文员，这些统计数据非常重要。因为要做工资调查或员工流动摸底，不同的员工类别增长的幅度及流动的比例是不一样的，这些不同对第二年的走势和整个工资成本影响的程度也都不一样。不仅要了解一些具体的信息，还要了解宏观上的特点。

所以人数、职位、级别和结构、工资结构、工资总额等各种信息都是十分重要的。

2. 应用薪资调查的涨幅预测

掌握本年度薪酬调查的涨幅预测，一是看市场的行情，二是看企业自己选择的或企业预计要做的涨幅。

年初薪酬预算在决定前，财务部门会有一个预估数据，但这完全是预算范围的事，是不向员工说明的。财务部门的数据通常都不准，因为不知道行情和走势会怎样，只能依据过去的历史情况估测，为保险起见会把数据适度放大，例如多加了30%或50%。如果人力资源部门介入，根据上一年的市场调查情况和最新的市场走势，可以做得比较准确一点，但是一般也会留一些余地。因为这终究只是预测，跟真正的涨工资是两回事，真正涨工资要提前3个月框定。

3. 确认福利开支占员工工资的百分比和统计的口径

对一般企业来讲，福利开支占员工工资的百分比可能在40%～60%之间，例如员工月工资额是100万，如果计划给员工涨10%的工资，那就不是涨10万的事情，可能是15万。因为工资涨了，福利也要涨，福利基金是按工资基本额规定提成的，这是国家的法律规定。这点一定要预算在内，否则就会很被动。

4. 与招聘经理配合，掌握人员流动增长的数据

下一年度的员工流动情况很重要，也是人力资源部门一定要掌握的，否则预算出入会特别大。如果企业是稳定发展的，员工规模不会有太大的变化，那问题不大。但如果企业发展变化很快，人员增长也很快，或企业经营不好，可能会减员。更多的情况下企业计划增长30%或50%，这就需要员工支持，因此必须有一个尽可能准确的估计数据。

通常要与招聘经理或劳动管理者合作，做一个人数预测或年度的招聘计划。同时，划出管理人员、技术人员、文职人员等的大概比例。至少从大类上讲，要有一个细分，不能笼统对待。因为各类人员的平均工资是有区别的，所以涨幅上会有区别。

5. 和财务经理合作，在企业的预算阶段及时介入

传统的薪酬预算是财务经理做的，人力资源部门介入以后，要跟财务经理积极配合。上面提到做福利预算对企业、员工、人力资源部门和财务部门都有好处，所以合作是多赢的。

跟财务经理合作有一个技术要点要把握，一般做工资调整可能在年底或第四季度，但是预算通常是在年初或上年末，如果没有事先的计划，可能会很被动。所以在年初或上一年底时，要及时跟财务经理沟通，在恰当的时候介入薪酬预算。企业预算是一件很严肃的事，不能想什么时候做就什么时候做，而且一旦数据定下来以后，就不能随意变动。企业生产和经营要做各种各样的业务计划，而所有这些都是根据预算来做的，所以一定要把握好介入预算的时机。

6. 制定方案报各级领导批准

在制定方案过程中还需要报公司领导批准。公司领导批准通常是两条线：一条是经营部门的老总和财务领导；另一条是人力资源部门领导。如果是规模比较大的企业还要报总部核准，因为人力资源需要统筹规划，从总部到分公司、子公司，都要有整体性。所以两条线都要得到批准，尤其是大中型企业，这一点更为重要。

这六个方面的工作是做公司薪资福利预算必不可少的，是具体操作的必要准备。表8-1是某企业员工工资信息表，供参考。

表 8-1 企业员工工资信息表

职位	级别	人数	工资额				总计
			固定工资	浮动工资	奖金	福利	
职位一	级别 1						
	级别 2						
	级别 3						
	……						
职位二	级别 1						
	级别 2						
	级别 3						
	……						
合计							

技能点 2
薪酬预算执行

> 薪酬预算应该追求操作的规范化，以利于企业提高效率，促进公平。

怎样让薪酬预算真正发挥效益，帮助人力资源工作顺利开展，这是预算的真正目的所在。为使薪酬预算顺利执行，必须对管理者就薪酬政策和薪酬技术进行培训。

在这个过程中有几个实际操作方面的要点应该注意。

1. 薪酬预算一定要纳入企业总体预算

预算人员开始做薪酬预算时可能不太熟悉，考虑的方面会很有限，虽然报到人力资源部门，并且进行了沟通协调，但是跟企业的年度预算的流程和年度预算整个计划可能还是没有接上轨。财务部门传统上没有这个环节，所以只有主动去做，以确保成为企业预算的有机组成部分。

2. 与财务预算方案一致

预算是经常改的，很多企业在九、十月份就做下一年的预算，大中型企业做预算通常要花一两个月时间，整个预算过程中数据会有很多修改。如果有需要修改的预算，而人力资源部门的预算没有及时更新，那么这个预算就不准确，不能起到企业整体预算的真正作用。

3. 进行市场调查报告更新并及时更新预算

要让薪资福利预算奏效，人力资源部要做薪资福利调查，及时更新报告。更新报告的很多数据不见得会有太多变化，但薪酬涨幅数据可能会变得比较敏感。如果拿十月份的报告预测第二年可能会涨多少，到第二年四、五月份再拿一个报告预测当年会涨多少，这两个数据会有一定的出入。从企业预算的角度讲，一般是一个季度或半年，企业的年度预算会加以更新，这样才可以保证预算的及时和准确。

4. 跟踪月/季薪酬总费用的支出

用预算来跟踪和控制实际的费用支出，这就是预算的效益和作用。每个季度都有工资的发放，也有福利费用的开支，这些费用传统上也是财务部门在做和跟踪，一些账目专门记录这些费用。作为薪酬经理，不仅要跟踪这些数据，而且要看实际发生的费用和年初预算的费用出入有多大。通常福利基金会有富余，如果是按国家的要求来提取福利基金，福利基金用完的企业很少。所以做了预算之后，将实际的支出和预算做比较，发现有富余的可以用来开发新的项目。

5. 将成本与预算作为薪酬决策的重要依据

预算的其中一个目的就是用来支持日常的薪酬决策。有预算就会很清楚员工总人数应该控制在什么样的规模，才能支持企业的效益，在招聘时就有一个总人数和薪酬总额的控制问题。可能日常工作中会有各种各样的薪酬增长形式，增长的幅度是不是超出原来的成本预算，与其让财务部门来告诉你，还不如自己掌握预算是多少，工作一步到位，不用来回反复。

薪酬预算需要不断规范，只有这样才更有利于企业实现提高效率、促进公平、鼓舞士气的薪酬目标。

技能点3
一般情况下的薪酬调整

> 世界上不存在一劳永逸的事情,薪酬管理也是如此,即使有了满意的薪酬制度并实施了有效的控制,但在薪酬制度的运行过程中,由于各种因素的不断变化,也必须不断地加以调整,因为僵化不变的薪酬制度会使激励功能大大降低。对员工来说,薪酬制度失去了激励作用,对企业来说将意味着失败。所以随着环境条件的变化,薪酬调整就显得十分必要。

常见的薪酬调整主要有以下几种类型:

1. 奖励性调整

奖励性调整是为了奖励员工做出更优良的工作绩效,鼓励他们保持成绩,再接再厉。这就是论功行赏,因此又称为功劳性调整。当企业的员工工作绩效突出、成绩显著时,不要忘记对他们加以奖励,适当提高薪酬水平,并明确地告诉他们"公司为了表彰你的工作成绩,增加了你的薪水",同时给予口头上的表扬。这样不仅会极大地调动员工的工作积极性和工作热情,同时也激励其他的员工向他学习,为企业发展做出贡献。

2. 生活指数调整

这是为了补偿员工因通货膨胀而导致的实际收入无形减少的损失，使生活水平不致降低，显示了对员工的人文关怀。生活指数调整常用的方式有两类：一类是等比式调整，即所有员工都在原有薪酬基础上调高一定的百分比。这样，薪酬偏高的调升的绝对值幅度较大，似乎进一步扩大了级差，薪酬偏低的多数员工很容易产生"又是当官的占了便宜"的感觉，从而产生"不公平"的怨言。等比调整保持了薪酬结构内在的相对级差，使代表企业薪酬政策的特征线的斜率虽有变化，却是按同一规律变化的。另一类则是等额式调整，即全体员工不论原有薪酬的高低，一律给以等幅的调升，按平均率运作。这样做似乎一视同仁，无可厚非，却引来级差比的缩小，致使特征线上每一点的斜率按不同规律变化，造成了混乱，动摇了原薪酬结构的设计依据。

3. 效益调整

当企业效益甚佳、盈利颇多时，一般会对员工的薪酬进行普遍的调升。当企业效益欠佳时，又可能调回原来的水平。调整的方式可以是浮动的、非永久性的。但是，要注意这类调整应涉及全体员工。否则，将使员工感到不公平。比如，如果只给一些人涨工资，其他员工会想：企业的效益好还不是大家共同努力的结果，为什么偏偏给他们涨薪水？一旦员工有了这样的想法，将导致工作积极性的大幅度降低，自然会影响工作效率。企业这样的做法也违背了薪酬管理最基本的原则。

4. 工龄调整

工龄的增加意味着工作经验的积累与丰富，代表着能力或绩效潜能的提高。从这一角度来说，工龄薪酬具有一定按绩效与贡献分配的性质。因此，现有的工龄调整应将工龄与考核结果结合起来，作为提薪时考虑的依据。如果一位员工的绩效水准一直保持不变，则他的每年定期调薪主要参照该绩效水准为参数进行；如果该员工被提拔到新的较高职务了，则他的薪酬将按新职务调整。

要根据企业内外环境的变化不断调整薪酬制度，使其发挥应有的作用，保证整个薪酬体系顺利、正常地运转。

厂里又涨工资了，大家围着布告栏看。
"小王，听说这次是因为物价上涨，厂里才增加我们的工资。"
"是啊，确实是这样，物价涨了好多啊。"
"可是，领导怎么涨这么多啊？"
"是啊是啊，我也看到了。大家同样吃喝，应该涨得差不多啊。为什么领导涨这么多？"
"你不知道啊，领导吃喝都比我们好，当然涨得多啦。"
……
其实这里之所以会出现这样的情况，是因为员工认为应该采取等额式调整，工厂采取的是等比式调整。

技能点 4
特殊情况下的薪酬调整

除了年度工资调整以外，其他类型的工资调整也不少，虽然普及面不是很广，可能一年才会覆盖到 10%～20% 的员工，但也不能忽略不计。

1. 工作岗位调整时的工资调整

在正常情况下，一般的工作调动是不涨工资的。

从一个岗位调到另外一个岗位，而且两个岗位有一些区别，不是平级，但是从级别上讲又还没到晋升的程度，只是因为业绩优秀，调去更重要的岗位时可适当涨工资。

（1）条件。

① 员工业绩表现比较优秀，这是一个前提。

② 调去更重要的岗位。这是公司对他的一种奖励，或是对他业绩的肯定，让他去做更重要的工作，或者职责范围有一定的扩大，但是从级别讲还没到晋升的程度。

（2）应对措施。

稍微地调整工资。通常来讲，有 10% 涨幅就很不错了，有时候可能只涨 5%，工资的涨幅是一个适当的工资提升。

2. 应对市场危机而采取的员工工资普遍调整

如果市场发展很快,一些企业就容易出现危机。如果市场出现危机了,例如企业的工资普遍偏低,对公司造成比较严重的影响,员工流失严重,这时企业需要及时做出反应,可能需要在很大范围内给员工进行工资调整,只是根据业绩有所侧重。

(1) 现象。

市场变化特别快,在一两年内企业原定的工资标准已远远落后于市场的平均水平。如果做年度薪资调查时,没有发现这个问题,尤其是关键岗位、重要的部门,竞争对手的工资提升得很快,但是企业没有跟上,造成某个部门的骨干员工突然走了5%甚至10%,这就会对企业的业务冲击很大。这时企业只给个别人涨工资,很难刹住人员流失之风。

(2) 应对措施。

普遍调整、有所侧重。给某些骨干部门或者重要的业务部门,甚至在整个公司的范围内进行普遍的工资调整。当然这个普遍调整也是有侧重的,一般来讲不会是所有职能部门都是一个标准,例如销售、市场、财务、生产、后勤、人力资源、办公室等部门,增资比例为10%~20%。但各部门的工资涨幅肯定会不一样,因为情况紧急,不可能做特别细,但要很快做出反应,这样才能有效阻止人员大量流失。调整时可以定一个标准,过去绩效做得比较好的,又是关键的业务部门,涨幅可以高点儿,例如20%;稍微差一点儿的可以是15%或10%。一句话,调整尽可能有些差距。

工资调整的根据包括以下几个:

① 业绩。

② 业务部门与市场平均水平的差距。

③ 在业务经营中的重要性。

3. 工资结构调整带来的员工工资调整

虽然没到年度工资调整的时候，但是公司调整了工资体系，或者调整了职位结构，这些调整也会带来工资的一些变化，也是比较大面积的工资变化。

(1) 工资结构类型。

① 比较简单的是一家企业只有一个工资系统。

② 现在普遍实行的、做得最规范或管理得最精细的是职能工资，即一个职能部门一个工资系统。

③ 一家企业里实行几种类型的工资既可以根据员工的类别来定，也可以根据业务部门的类别来定。根据员工的类别来定就是按管理人员、行政人员、技术人员等不同员工类别分别定一个工资系统，而不管员工属于哪个部门。根据业务部门的类别来定就是为销售、人力资源、财务、行政等各部门分别定一个工资系统，而不管这个部门的员工类别。

(2) 应对措施。

差别化处理。每次从一个相对简单的工资系统过渡到更深一层或更精细化的工资系统时，整个结构都会变化。结构变化不一定与工资变化一模一样，肯定是有差别的。这个差别怎么处理呢？例如从单一工资系统过渡到职能化的工资系统，像从事软件开发的技术部门的工资通常会上涨，与专业的市场比较，会相差50%甚至100%。在这种情况下，通常可以分几次调整过渡来达到市场水平。

另外，工资的一个作用是为了激励，是对员工绩效和能力的补偿和回报，工资增长背后实际上对应的是员工能力的增长、绩效的提高。一般员工能力的提高或者绩效的提高不是一下子能够翻倍的，所以翻倍涨工资没有太大意义。除非特殊的情况，例如本来工资就不是很合理，低得很，如果员工到另一家企业完全可以拿这里三倍的工资，那么为了挽留骨干员工或关键的技术人员，不管是涨50%还是100%，都要不遗余力地去做。

特殊情况下的工资调整是需要企业认真对待的，因为处理不好会引起员工强烈的反应，从而会影响整个薪酬制度的贯彻实施。

在针对工资结构进行调整时，要多次调整而不是一蹴而就。例如第一次工资结构调整，所有员工中差别比例不是很大的，就一次到位调到平均水平；如果差别很大，达到30%或50%的，第一次可以先调整20%，在下一年工资调整时，再调整20%。这是因为工资结构调整实际上是管理体制的进一步升华，虽然说也是市场标准的一个反应，但是50%的调整跟20%的调整，对员工的激励效果可能差不多。

具体讲就是，例如原工资2000元，如果一下涨50%，涨到3000元，员工肯定很高兴，很受激励；但如果给他2500元，即调整25%，他也一样很高兴。在这样的情况下1000元与500元的区别并不大。反过来，如果分成两次调，激励作用反而能够持续更长的时间。从成本上来讲，这是一种节约；从激励效果来讲，是双倍的效果。这是薪资调整的一个策略。

技能点 5
把握薪酬支付的恰当时机

> 把握薪酬支付的恰当时机,是维持员工工作热情的关键。要使薪酬计划发挥更大的激励与约束效应,还必须研究薪酬支付的策略,其中最关键的是对支付时机的有效把握。

1. 即期支付策略

即期支付策略就是在当期将薪酬支付给经营者,包括即期现金支付和即期股票支付。

从持续时间上讲,即期现金支付方式对经营者产生的激励与约束效应是最为短暂的,容易割断未来风险与经营者薪酬的联系。现金形式又是一种最现实的收益,它无须进行其他形式的转化就能直接消费。此外,将现金过多地用于薪酬的支付,势必造成企业现金匮乏,从而影响企业的发展。所以,这种形式不宜在整体薪酬中占过大的比重,一般只适用于对经营者雇员薪金的支付。

采用即期股票方式,可以避免公司现金的流出,但对公司当前的股权结构与股市价格可能会产生一些不利的影响。因此这种方式通常适用于企业现金流出需要量大的快速增长时期、现金支付困难时期、增发股票调整资本结构时期,或平抑股票市价涨扬过渡时期等。考虑到即期支付方式的共同缺陷，企业可以对一部分知识资本报酬以及经营者雇员薪金中职位风险酬劳采用即期股票的支付方式，但在整体支付方式中比重也不宜过大。

2. 递延支付策略

递延支付是在未来几年中根据经营者的业绩表现决定前期的薪酬是否发放、发放多少、发放的时间进度的一种支付方式，包括递延现金支付、递延股票支付两种。

较之即期支付方式，递延支付方式将经营者的利益与企业长远的发展密切结合起来，更加充分地体现风险和收益对称的原则，进而对经营者产生更大的激励与约束效应。对于知识资本报酬以及经营者的职位风险薪金可以考虑采取这种方式。

3. 期权支付策略

对于经营者而言，期权支付方式是一种最具激励与约束效应、最能将其个人利益与公司长远发展目标密切结合在一起的方式。因此，应当作为对经营者知识资本报酬进行支付的一种最主要的方式。实践中，企业集团还可以将期权支付方式与递延支付方式结合起来使用。

只要企业能保持住员工的拼搏精神，就会有美好的发展前景。因此，应把握住适当的奖励时机，千万不要顾"小利"而失"大利"。

技能点 6
日常薪酬沟通

> 薪酬管理不只是管理者的事情,它与员工关系很大。在企业制定和执行薪酬方案时,进行有效的沟通是相当关键的。这是因为,如果无法取得员工和其他管理人员的理解和配合,即使设计得再精良的薪酬体系也不会取得预期的效果。

在企业中就薪酬体系进行沟通,通常可采取以下六个步骤:

1. 确定沟通目标

(1) 确保员工完全理解有关薪酬体系的所有方面。

(2) 改变员工对于自身薪酬决定方式的既有看法。

(3) 鼓励员工在薪酬体系下做出更大的努力。

在这三个目标下,企业可以根据自身实际,设计出更为具体的沟通目标。

2. 收集相关的信息

企业可以通过若干种不同的方法进行信息搜集工作,主要包括问卷调查、目标群体调查、个体访谈等三种方法。

从决策层、管理层以及普通员工中间收集他们对薪酬体系的看法:

既包括对现有体系的评价,也包括对未来变革的设想和期望。

3. 制定沟通策略

(1) 市场策略。

① 就员工对于薪酬体系的反应进行调查。

② 准确告知员工现有薪酬制度的优势和不足。

③ 对组织最新的薪酬举措活动进行宣传。

(2) 技术策略。

① 不太注重薪酬政策本身的质量或优缺点;

② 提供更多的技术细节。

4. 选择沟通媒介

(1) 视听媒介。

(2) 印刷媒介。

(3) 人际媒介。

(4) 电子媒介。

在选择沟通媒介时,很重要的一点是要综合考虑特定媒介的沟通效果和相应的成本。最有效的沟通媒介应该能够提供给沟通双方面对面的互动机会。

5. 举行沟通会议

这是一个最重要的步骤,目的在于对整个薪酬方案进行解释和推广。解释和推广的重点在于以下几个方面:

(1) 工作评价。

(2) 市场数据调查和分析。

(3) 薪酬等级的确定。

(4) 奖金方案的制定。

(5) 绩效评价体系。

(6) 薪酬管理方面的其他重要问题。

员工们会得到自己的职位说明书和一份详细的薪酬等级分布表，以及组织关于奖金方案、绩效评价系统、薪酬管理体系等各方面的说明。

6. 评价沟通效果

对沟通结果进行评价的最佳时期是举行沟通会议之后的 4～6 个月，此时员工们已经消化了薪酬信息，适应了新的薪酬体系，组织可以对薪酬沟通的目标是否实现、员工们的反应等方面进行信息的汇集。依据这些信息，对薪酬的整体战略和具体举措进行评估，从而提高整体效用水平。

组织通过不断的薪酬沟通，能够有效地唤起员工对组织的信任，从而增强员工的忠诚度。因此，薪酬沟通工作是一件常抓不懈的大事，必须引起足够的重视。

某企业通过对员工的调查发现：大多数员工对于组织如何确定薪酬水平感到迷惑不解，拿不准为什么这一职位就应该比那一职位拿到更多的薪酬，认为薪酬沟通工作远远不够。

作为这家企业的 CEO，看到这个调查之后，必须意识到：

企业现在所做的不仅仅是设计和执行新的薪酬方案，还需要就这一体系与员工进行充分的沟通。

首先，以总裁的名义向员工发备忘录，具体解释薪酬方案的目的及将会采取的措施；

其次，与关键的管理人员进行一系列会谈，就薪酬方案进行沟通，争取他们的支持；

最后，与员工保持持续的沟通，确保他们对薪酬方案的执行具有一定的参与意识。

技能点 7
薪酬调整沟通

> 薪酬调整是和绩效直接联系的。比如涨了工资要不要当面告诉员工？该由谁来做？答案是要，而且必须由主管经理当面告诉员工才能真正起到激励效果。为什么呢？工资的一个最基本的目的，就是要激励员工的绩效。怎样做到激励员工的绩效呢？这个关键点在什么地方？在员工的观念，在员工的思想，在他怎样看待涨的这些钱。所以关键点是员工在观念上如何理解工资调整幅度的分量和原因。日常的沟通不仅要形成一种企业文化，而且要反复强化。

1. 薪资激励的目标及其起作用的关键点

这在很大程度上取决于部门经理如何与员工沟通工资调整这一决定和信息。很多观念是沟通出来的，当然员工自己会有理解，这是基础。但如果部门经理与员工进行了很好的沟通，双方达成一种共同的理解和一致的看法，就能够达到应有的效果。

2. 薪资调整时沟通的步骤和技巧

（1）直接由经理做调薪沟通时必须做到以下几点。

① 在新的工资发到员工手中之前进行。

② 一对一的私人会谈，事先约定，保密进行。

③ 有准备，有针对性，关联业绩。

（2）谈话步骤。

① 肯定业绩。

② 调资数额。

③ 员工反馈。

④ 期望强化。

（3）避免辩论、攀比、打击。

① 要看员工本人的反馈意见，他可能不同意，可能会说出很多理由，作为经理或主管，要加以引导，避免辩论。因为员工业绩好坏的结论是公司根据员工的业绩表现总结出来的，是主管经理根据员工的业绩表现总结出来的，不是员工自己说出来的，他可以申诉，可以有不同的意见，而且可以记录在案，但是最终以公司的判定为准。

② 不要让员工之间进行工资攀比。

③ 无论公司给员工涨的工资是多还是少，都要正面引导和鼓励，而不要去打击员工。这是管理的一种艺术和技巧。要注重正面引导，要面向未来，不要去谈那些消极的东西。沟通的时间不要太长，10～15分钟就可以了。

3. 效果

深刻、有震撼作用的谈话，能纠正员工错误的观念并且调整其心态。

每个员工都是一台发动机，都是能够为企业做贡献的。这个发动机的开动和速度的提升，就在于这10～15分钟的启动时刻，一定要把握好。可按照表8-2的要求，与公司员工进行薪酬调整的沟通。

表 8-2 薪酬调整的沟通步骤

事前准备	在新的工资发到员工手中之前进行
	一对一的私人会谈，事先约定，保密进行
	有准备，有针对性，关联业绩
谈话步骤	肯定业绩
	调资数额
	员工反馈
	期望强化
注意事项	不要辩论
	不让员工进行攀比
	不要打击
效果与问题	效 果
	问 题

第九章
薪酬管理的技巧

当以人为本的管理理念被越来越多的经营者、管理者普遍接受、认可并贯彻到自己的管理中去，当"工作生活质量"运动使生活节奏不断加快的人们不仅渴求高工资等货币性薪酬，而且更加注重个人价值的体现和挖掘内在性激励因素时，薪酬管理的艺术便在其中悄悄地萌芽，并且渐渐开出了令人欣喜不已的花朵……

正如世上没有包治百病的灵丹妙药一样，薪酬管理也没有唯一的标准答案，那么就让我们领略薪酬管理的艺术魅力吧！

技能点 1
引导员工心理预期

对激励员工士气来说,没有什么比信息不能传达到基层更糟糕的了。从成本的角度来讲,要从企业的薪酬竞争力和企业的经营成本、经济效益之间找一个平衡点,这个平衡点如何确定呢?寻求保障企业薪酬水平的市场竞争力和企业经营成本、经营效益之间的最佳平衡点,这里有几个操作技巧应做到。

1. 找准市场薪酬水平的定位

从整个薪酬战略上讲,企业在市场上的地位,基本上是按同行业的中点,或者前25%点的市场定位来加以校准。大部分企业会取市场的中点,取前25%点的比较少,但是无论采取何种方式,都要做到企业的薪酬或总体报酬、总体回报有吸引力。怎样才能具有很强的吸引力呢?这就要发挥企业自身独到的优势和综合实力,即企业文化。

企业在招聘或者在和员工沟通时,要明确这一点,而且要让他们能够体会到这一点。像文化、培训发展和企业规模品牌等,与薪酬水平、薪酬定位一样,对员工来讲都有激励作用。事实上,如果问员工愿意去什么样的公司工作,很多人都会说愿意去大公司,但是规模大的公司在同类企业里提供的薪水可能就是中等水平,甚至不是很高,而规模稍小点的企业提供的薪水可能比大公司还高。可员工还是愿意去大公司,为什么呢？因为企业的规模、品牌、文化是总体回报的一部分，会使员工觉得很荣耀，觉得有一种满足感。

2. 在维护市场定位的前提下尽可能地压缩和控制成本

做薪酬管理工作，员工绩效的激励是第一位的，首先要维护企业在市场上的薪酬水平。企业的经营效益是会有一些波动的，有些年份会非常好，有些年份会稍微差一些，如果薪酬因此有太大起伏的话，对企业来讲不是一件好事情。因为如果员工的士气总是随着企业的经营效益波动得特别厉害，会起到一个反作用。作为薪酬经理或人力资源部门经理，一定要平衡好，即使企业的经营效益稍微差一些或者一般，在薪酬上也尽量维护相对的竞争力；即使多花一点儿成本，也要把薪酬激励做好。这样才能够稳定员工队伍，尤其能减少优秀员工的离职率，使企业在经营效益出现问题，或者其他因素导致经营效益不好的时候，起到弥补和支持作用。当然工资调整也不能盲目，对市场预测的准确性要多方面核实。

3. 要充分利用总体薪酬和总体回报的概念来降低成本，提高人力资源开发的效果

对员工来讲起作用的，除了现金收入之外，还有很多福利项目，只要做了并且宣传得当，员工是能感觉到的。那怎么做呢？例如当年北京地区医疗保险的费用比率是职工工资总额的7.5%，如果企业有几百万的富余，可以给员工加上一个补充的医疗保险，这样员工就会产生归属感。推出这个项目，对员工有直接的激励作用，可以减少员工对工资增长的期望。因为工资增长虽然一般，但公司推出了新的福利项目，对员工同样是一种激励。

4. 可以在管理上下功夫

员工的职业发展、工作环境改善、民主参与管理、对员工绩效的认可和回报，这些都可以提高员工的认同感和归属感，而且也没有太多的经济成本，更多的是管理人员工作做得是否到位。

综上所述，为更好地实现对员工的激励，我们需要在保障企业薪酬水平的市场竞争力和企业经营成本、经营效益之间寻求最佳平衡点。

技能点 2
让薪酬制度更加激励员工

虽然薪酬不是激励员工的唯一手段,也不是最好的办法,却是非常重要、最常用的方法。薪酬总额相同,薪酬结构不同,管理机制不同,支付方式不同,往往会呈现不同的效果。所以如何实现薪酬激励效能的最大化,使薪酬既具有最佳的激励效果,又有利于员工队伍的稳定,是一个值得管理者高度关注的问题。特别是与薪酬制度有关的辅助活动,更应该引起注意。

1. 让工作更有挑战性

没有人喜欢平庸,尤其对于那些年纪轻、干劲儿足的员工来说,富有挑战性的工作和成功的满足感,比实际拿多少薪水更有激励作用。

因此,管理者要根据员工的要求,适当地进行授权,让员工参与更复杂、难度更大的工作,这样一方面是对员工的培养和锻炼,另外一方面也提高了员工的满意度。

2."导师"制度

对于新进员工来说,熟悉企业各项制度、掌握工作方法和认同企业文化的速度,主要取决于老员工对新成员的接纳程度。

我们建议对于新进员工采取"导师"制度,由一名老员工带一名新员工。这样做既可以使新员工尽快地熟悉岗位职责和技能要求，也是对老员工的一种工作激励。因为从心理学的角度来说，人都有帮助别人的愿望和要求，让老员工做新员工的"导师"，反映了企业对老员工的重视和尊敬，让老员工在心理上有一种满足感和荣誉感。

3. 让员工制订弹性的工作计划

传统目标管理的办法，是自上而下进行的，优点是可以将公司目标进行层层分解，落实到部门和岗位，缺点是缺乏灵活性，目标相对是固定的，但外界环境的变化可能导致目标的不可行或者无法完成，从而引起考核者与被考核者的矛盾。

为了解决这样的问题，管理者要充分授权，给予员工更大的权力和自主空间。可以让员工制订弹性的工作计划，自己来安排完成目标的时间和方式，并可以在一定程度内进行目标调整，从而充分调动员工的积极性，激发其工作热情和创造性。

4. 建立员工兴趣小组

可以由公司组建各种兴趣小组或俱乐部，比如书画小组、棋牌小组、文艺小组等，并组织大家定期举办活动，公司给予一定的经费支持。这样的兴趣小组能很好地增进各部门之间员工的交流，提高组织的和谐度与凝聚力。

丰田公司为了增进员工之间的交流，成立了各种形式的兴趣小组，员工可以根据自己的兴趣选择参加不同的团体聚会。通过参加这些聚会，既开展了社交活动，又使员工有了互相交流的机会。为了这种聚会，公司建造了体育馆、集会大厅、会议室、小房间等设施，供员工自由使用。公司对聚会活动不插手，也不限制。职工用个人的会费成立这种团体，领导人是互选的，并且采取轮换制。所以每个人都有当领导人来"发挥能力"的机会。这些聚会有一个共同的特点，就是在聚会中会员之间相互沟通，进行自我启发，增加了不同职务的会员之间进行交流的机会。

5. 组织大家进行休闲娱乐活动

公司可定期举行各种比赛，如篮球赛、排球赛、乒乓球赛等各种活动。不要以为只有大公司可以举办这样的活动，小企业也可以在周末举办这样的比赛，或者跟自己的客户一同举办，这样不仅可以促进员工之间的交流与合作，还可以增进与客户的关系。

另外，由部门组织的郊游、聚餐，不仅可以增进沟通，激励员工士气，提高员工满意度，而且有利于培养团队精神，塑造团队文化。所以公司应该有一定的预算，鼓励员工结队出行。

6. 提供便利设施和服务

为了方便员工的工作和生活，公司可以办一些福利性的机构，提供相应设施和服务，比如洗衣店、幼儿园、便利店、班车、饮水间、休息室、心理咨询等，提高员工的工作满意度和对企业的归属感。

便利设施需要一定的投入，并且需要运营和维护费用，建议公司可以与外部机构合作，尽量不要分散自己在主营业务上的资源和精力。原则上是量力而行，不以赚钱为目的，并确保服务的质量，否则就会适得其反。

例如著名的台积电公司，由于很多工程师工作很忙，很少自己洗衣服，公司就与洗衣店合作，洗衣店到公司指定的地点收取衣服，洗完再送过来，这样就解决了员工的生活琐事问题。他们办托儿所的做法也很独特，用网络将托儿所和员工的计算机联机。员工只要输入托儿所网址，就可以看到自己的孩子在托儿所的情形。如此贴心的设计，让员工更加放心，无疑也是对员工的一种激励。

企业通过这些办法，能够使员工时刻感受到公司的关怀。实际上，这些办法作为薪酬管理中一种重要的"无薪"手段，的确也发挥着非常重要的作用。

技能点 3
支付同等薪酬，最大限度地提升员工业绩

所谓把钱用在刀刃上，就是在支付同等数量薪资的情况下最大限度地提升员工的业绩。

1. 明确区分不同的工作业绩表现者

如果你是管三五个班组的生产经理，假如不能把每个班组和个人的业绩区分出来，认为他们都差不多，那作为生产经理，你的工作还没有到位。

无论是什么岗位、什么层次或级别的员工，工作表现都是可以区分出好坏的。管理出色的经理如果管理十名员工，能把这十名员工排一个序，而且还不是主观排序，他能把原因说得非常清楚。如果做到这点，就能做到把钱花在刀刃上。业绩表现最优秀的，工资增长的幅度就大；工作表现一般的，就是一般的涨幅，或者低于一般的涨幅；工作表现比较差的就不涨。不涨工资也是一种激励，因为如果非常客观地区别了员工的工作表现，员工自己也认识到了因为工作表现不好没有涨工资，他就会受到激励，来年就会努力工作。

具体来说，从薪资惯例或从人力资源开发的角度来讲，目标管理的一个诀窍就是提高业绩标准，即对员工的工作要求和工作标准，如果所有员工都可以达到，当然区分不出谁好谁坏，如果把业绩标准提高到只

有少部分人才能达到，很多人就会努力去做。

2. 充分体现为业绩支付薪资的原则

提高绩效业绩目标，区分不同的业绩表现者，实施目标管理之后，同样的总体预算，那些优秀员工就能得到多一点的工资涨幅，真正能够体现出为绩效支付薪资。

现在企业做业绩评估一般会分成四五个等级。例如五个等级，一等是工作表现非常优秀，持之以恒的，在所有的领域里都超出职位要求或原来的业绩目标；二等是全都达到业绩目标，有部分超出；三等是全部达到；四等是基本达到，有部分没有达到；五等是大部分都没有达到。

如果平均工资涨幅是 10%，一等是最优秀的，可以涨 25%，二等涨 15%，三等涨 10% 或 9%、8%，四等、五等都不涨。四等和五等看起来好像没有区别，但实际上还是有区别的。区别表现在：四等的员工因为基本达到，只是部分没有达到目标，公司还可以接受；五等的员工是大部分目标都没有达到，公司是不能接受的。对于五等的员工，相应的措施就是要么让他们主动辞职，要么公司给一个绩效改善计划，他们必须达到这个目标，否则就只能被辞退。

这样一来就通过拉大差距，体现激励的力度，把有限的钱真正地用在了绩效这个刀刃上。也只有这样才能使薪酬更合理地发挥激励作用。

假如你是总经理，因一名员工业绩相当出色而准备奖励他，此时，你是一下子发给他 5000 元奖金，还是每月给他增薪 400 元？

主张一次性发放奖金者的理由有三条：第一，突如其来的惊喜会大大刺激获奖者的情绪，从而进一步激发其潜能；第二，奖金是非常规性"薪酬"，在企业效益与员工业绩均为较佳状态的"双赢"前提下，发放奖金以体现员工价值是合情合理的，而当员工退步或企业效益下降时，不发奖金则可避免企业成本过度上扬，因而这种方式有利于企业控制劳动力成本；第三，由于是一次性的奖金，企业既可大肆张扬以激励其他员工，也可"秘而不宣"以避免不必要的矛盾。总之，可视具体情况采取不同方式。

主张以加薪形式体现奖励的也有三条理由：一是改"短暂刺激"为"长效刺激"，以使员工常常感念"喝水不忘挖井人，加薪不忘企业恩"；二是支付的奖励费用可"分而化之""细水长流"，这对于奖励面较大的企业来说，可避免因一下子支付大量费用而影响日常经营的窘况；三是可以防止员工获得一大笔奖金后即刻跳槽的"人财两空"的现象。

针对此类问题，决定加薪或奖金的数目及方式，最基本的有四大基本因素，作为管理者是必须要考虑清楚的：

1. 企业的规模及收益。这是最基本的也是最重要的因素，要考虑企业的综合实力，特别是企业的盈利能力，不能"今朝有酒今朝醉"，而缺乏可持续性。当然也要考虑政策的可延续能力，特别是已经制定的政策不要"虎头蛇尾"，到后来无法承兑，最终成了"空头支票"。

2. 员工原本对薪水的满意度。如果员工原来对薪水就已颇多微词或十分不满，那么加薪远比奖金有用，可以借机提高薪水，从而增加员工的"向心力"。

3. 政策可能最大涉及的范围。无论加薪也好，奖金也罢，要看受众面的多寡而定，这其中有一个平衡点，必须"精算"才行。

4. 奖金总额或加薪幅度在员工心目中的比重。一个月薪5000元的员工如果一次性发20000元的奖金，对他的影响肯定远比每个月加薪1000元来得深刻和感动，这一点绝不能不考虑。

当企业的管理者深思熟虑这些问题之后，才能决定下一步的动作。否则无论是加薪还是发奖金，都有可能"好事变坏事"。

技能点 4
运用薪酬制度妥善解决人才流失

> 一家留不住人才的公司或企业不会有任何作为。如果发生人才大量流失,被挖墙脚,一般流失的肯定都是管理骨干、专业技术骨干或业绩突出的销售人员、销售代表。如果骨干员工出现大量流失,达到 10% 或 20%,企业很快就会垮下来。

1. 原因

从经营效益或部门的稳定性来说,发生人才流失的现象一般有两个方面的原因:

(1) 外因:新行业的兴起。

可能企业本身管理得很不错,各方面也没有特别大的问题,但一样会出现人才大量流失的现象,例如一个新的行业兴起了,而这个新行业正好需要你这个行业中的某些骨干。

(2) 薪资管理瘫痪,公司经营层换班。

可能薪资经理没有经验,可能人力资源管理方面有一些措施或政策不到位,也可能公司的经营层换班,总之造成了管理脱节,技术骨干、业务骨干等人员的薪资情况或心态变化没有得到应有的关心,被竞争对手乘机大量挖走。

2. 对策

（1）掌握市场行情——离职面谈。

首先要做的是迅速了解情况，到薪资部门、人力资源部门和经营层面调查了解情况。如果工资与新兴行业有差别，被新的行业挖走了，就需要了解他们提供的标准大概是多少。如果通过正常的市场调查渠道来不及了解，有一个很有效的方法叫作离职面谈。比如有三五个骨干员工或骨干管理人员要求辞职，人事部门经理就要逐个地约来单独面谈，要讲艺术，敞开心扉，很诚恳、开放地跟他们面谈，想方设法了解信息。

（2）普调工资标准。

了解了基本情况，而且经各个渠道验证准确以后，及时采取一些措施，决定哪些关键部门、关键岗位要进行工资调整。增资幅度一般在30%～50%，但不能保证所有人都满意，可能还会有极个别的人要走。但这并不重要，这样做的目的是把绝大部分人稳定下来。

（3）防患未然。

更好的做法是防患未然，要善于随时发现各种各样的苗头，不要等到某个部门一半的骨干员工都来递交辞职申请书的时候才来处理，那就太晚了。这就要求整个薪资调查或者信息来源，或者措施要比较到位，比较准确、可靠。

（4）深层原因与措施。

薪资管理的不到位是人才大量流失的深层次原因。

从人力资源总监或人力资源负责人的角度来讲，薪资管理经理的职位非常重要，薪资管理经理一定要有非常强的能力和丰富的经验。

从业务部门来讲，如果某个部门的业务骨干突然之间大量流失，通常跟其部门负责人有直接关系，因为大部分人一下子要走，肯定不是个别问题，十有八九就是主管经理的管理问题。如果主管经理的工作到位，即使有时候工资偏低了，也会直接反映给主管经理，而不是递交辞职书。

人才流失是一种灾难，因为人才是企业最大的财富，这笔财富甚至无法以金钱来计算，失去人才企业将只剩下机器和厂房，还谈什么作为！高明的领导都知道这一点，所以他们才有"即使一切都失去了，只要还留下创业的人才，我就可以东山再起"这样自信的言语。

　　因为人才是企业的支撑和骨架，所以人才一走，企业这座大厦无论看起来多么坚固，多么宏伟，都会随之分崩离析，彻底瓦解。对此，或许有的领导还不以为然。在某些领导的心目中，企业永远比人才重要，但事实上，有谁听过某个企业人才走了一大批却还能支撑下去的神话故事？

　　古人说得好："千军易得，一将难求。"这个"将"指的就是人才。某个领导的下属或许有成千上万，有用的人才却屈指可数，因此人才难得。

　　人才难得，得到了就不要轻易失去。留住人才与否，绝对是检验一个领导是否称职的最佳标准。只要是留不住人才的领导，都不是称职的领导！

技能点 5
应对工资管理中的常见危机

任何企业的发展都不是一帆风顺的，在工资管理中也会遇到各种各样的问题，因此有必要将在工资管理中可能遇到的重大危机予以总结，并给出针对性的应对措施。企业必须谨慎处理薪酬管理中遇到的危机，否则会引发更大的灾难。

1. 业务危机效益滑坡

如果碰到业务危机、效益滑坡，或者整个行业效益都不好，企业通常会采取的措施是不涨工资，或者企业工资总额封顶。

对策：保留骨干员工。从薪资管理的角度来讲，为了稳定人心，还是要想方设法给那些骨干人员、业绩优秀者增长一定的工资。虽然在这样的情况下，比例可能不多，涉及的面可能也很窄，但是作为一种激励的手段，拉开其差距，这么做对企业员工士气的提升会特别有效。如果简单化了，所有人一律不涨工资，就会造成人心不稳，骨干员工流失，对企业的负面作用更大。

2. 集体要求谈判工资标准

在生产型企业里，可能有一天会碰到这样的情况：或者以工会为代表，或者员工自己组织起来，要求签一个集体合同，并且把工资要求写到合同里去，或者要求谈判工资的涨幅。

碰到这种情况怎么办呢？

（1）错误的做法。

① 避而不谈，吞吞吐吐，推托。

② 开除所有人——不合法。

（2）正确的对策。

① 按照双赢的思维，谈基本原则——企业要有效益，才能涨工资。要避免对个案做出具体的承诺。

② 优秀的员工应该有不低于市场标准的工资涨幅，但并不是越高越好。

3. 部分职位工资水平偏高，带来成本危机

（1）原因。

① 决策失误。例如两三年下来，企业工资涨幅老是走高位，工资水平远高于市场水平，直接的结果是员工都不想走。正常的员工流动量是5%～10%，如果连5%的流动量都没有，就可能造成成本危机。

② 员工的配置不合理。即工作安排不合理，如一些资格较老的员工在一个岗位干了三五年，甚至五年以上。而人的学习曲线通常也就是三年左右，如果超过三年，职位不变，贡献也就难以再增加，但工资却在增长，这就会带来一定的成本危机。

（2）对策。

① 适度提拔。对那些工资明显偏高而且有一定资历的员工，要适度地往更高的职位上提拔。有时这是不得已的措施，因为公司为他们支付偏多的薪资，他们应该承担相应的责任，否则就是对其他员工的不公平。但如果提拔他们就要求其能胜任相应的职位，这样才能达到成本与效益的平衡。

② 用两三年逐渐把工资调到市场水平。在调工资的时候，工资偏高的人，相对来讲他们的工资涨幅要比企业的平均水平低，这样两三年以后，他们的平均工资就回到正常的水平了。本来这个问题也不是一天两天造成的，所以解决起来也需要时间。

4. 由于定薪不公，个别员工对工资不满意

遇到这种情况应采取如下对策：

（1）判断员工的申诉。

如果碰到这种情况，首先要调查了解情况，而且要避免争执，心平气和地听员工申诉。如果觉得他的要求是合理的，道理上应该给他补工资，但是从薪资管理的角度不能这么做，否则就意味着开了一个先例，工资管理的权威性和严肃性就没有了，此时要尽可能对员工公平，就需要有技巧性的解决方案来处理这个问题。

（2）提出考核业绩目标。

员工提出申诉或涨工资都可以，但企业要告诉他涨工资的前提是做出业绩来，这个业绩需要他用一段时间来证实。一旦他业绩优异，对企业和员工来讲是双赢，而且对其他员工也会起到激励的作用。所以这是一个稳妥的解决措施。

技能点 6
解决不同职位工资水平差距

> 从薪资管理的角度来讲,之所以出现本土企业业绩低、效益差,直接的原因就是工资水平低。但工资偏低不能寄希望于简单地涨工资来解决。

工资水平低的原因,从绩效的角度讲,是不同职位之间的工资差距没有拉开。再深一层,最关键的体现在经营层的薪资没有反映出他们的业务价值。通常,在外资企业里,如果老总月薪 10 万元,一年就是 100 多万元,还有其他的福利,与低职位员工的差距非常大。而有些国有企业的老总承担的责任也不小,同样大的摊子,同样好的销售业绩,从员工规模上讲可能更大,但是他们往往才拿十几万元,并不比有些职位的员工多多少,承担的责任与所获的报酬明显不对称。

1. 不同职位之间的工资水平差距过小

一般国内企业中最高职位的工资水平和最低职位的工资水平差距较小,而外资公司或市场体制下比较前卫的股份公司中,薪资差距非常大,致使国内企业员工缺少努力工作和向更高职位发展的动力。

下面,我们来看看不同企业中,最低职位的工资水平与最高职位的工资水平之间的比例,如表 9-1。

表 9-1　最低职位与最高职位工资水平比例

本土公司或国有企业	1：10～1：20
在现代企业体制下的部分股份公司	1：30～1：50
外资企业	1：100

不同的职位对企业做的贡献不一样，需要的资格、资历、能力和为企业承担的责任、风险不一样，那么不同的贡献、职责和业绩，就应该有不同的薪资。在同一个职位上干得好不好，也应该有一个绩效评估，应有一个比较大的差距。当然这个差距只是在百分之几十的范围内，而不同的职位的工资差距则是 30 倍、50 倍，甚至更大。

所以说，如果要解决这个问题，不仅仅要提高工资水平，而且要拉开不同职位之间的工资差距。

2. 高层经营管理职位的薪资与贡献不相符

（1）问题。

以前，高层经营管理职位的薪资没有反映经营管理人员的业务价值和应得的薪资回报。最关键的是高层经营管理职位的工资水平一定要提上去。从薪资管理的角度来讲，实际上这是企业盘活整个经营管理所必不可少的措施。但如果要涨工资的话，经营层可以做决策给中层涨工资，给员工涨工资，可是他很难给自己涨工资。这当然是体制问题。但从管理的角度、经营效益的角度、激励员工提升绩效的角度，这是必须解决的问题。只有把经营层的工资提上去了，管理层的工资、关键岗位员工的工资才能上涨，然后不同绩效的工资差距才会拉开。

（2）对策。

进行股份制改造。既想引进优秀人才，又不想按市场薪酬水平支付工资，这是不现实的。要解决这个问题，就要从体制上实现国有企业的股份制改造。股份制改造就是产权的改革。本来产权是百分之百地国有,薪资决策理论上应由国有资产的管理部门来做。但是国有资产的管理部门管的企业很多,企业的情况参差不齐,不能一个行政命令把工资都涨上去,而且国有企业的薪资一般是与行政级别挂钩的,所以这个决策更难做。一旦产权改制以后,国有企业就是国有的资产占大股,所有权与经营权分开,实行授权经营,其他社会资本参与进来,那么按照股份制的规定,董事会就可以拥有决策自主权。

例如组成一家股份制企业,实行产权改革,员工也购买到一部分,比如说20%、30%的产权;国有占大股,可能占40%～50%;另外有其他的股东加入进来,购买一部分产权,注入一部分资金。这样一来,可根据股东的来源组成一个董事会,董事会可以决策,从市场上请个总经理来,付给与市场相应的工资。只要他把企业经营好,做出效益来,就可以拿到相应的工资。总经理到任以后,就能把整个市场化经营机制引进来,包括工资体系、工资标准、人才的配置、人员的流动等。然后,骨干经理的工资会上去,工资的差距也会逐渐拉开,相应的一些绩效管理体制,像目标管理都会逐渐到位。一两年以后,企业的经营效益就会慢慢地好起来。所以从根本上来讲,这是一条较好的路子。某些企业通过这样操作,已经初步看到了成效。

(3) 配套的企业薪资管理。

与之配套的企业薪资管理是必不可少的,而且完全是在企业自主经营指导思想下实施的薪资管理方法。最关键的是人力资源部门。人力资源部门的经理、总监以及薪资经理要建立自己的工资管理政策,即工资预算和工资体系等,使之与市场接轨。这样,就可以改变原来低工资、低产出率、员工没有积极性的状况,最终把整个企业搞活,效益逐渐好转,甚至将来有可能与优秀的外资企业在同一个水平线上竞争。

解决薪资差距过小的问题,最关键的就是从高层管理人员、经营层的薪资到位和对他们薪资激励措施的落实入手，相关的体制、产权改革也需要到位，然后建立一个市场化的工资管理制度和相应的一整套薪资管理办法。绩效工资、职位工资之间的差距拉开了，员工的工资水平也就慢慢上来了，而企业的效益也会因此而得到改善。